시간의 선물

시간의 선물

초판 1쇄 인쇄 | 2022년 10월 20일
지은이 | 김일홍 김사빈 정해정 양민교 홍영순 김정숙
펴낸이 | 이재욱(필명:이승훈)
펴낸곳 | 해드림출판사
주 소 | 서울 영등포구 경인로82길 3-4(문래동1가 39)
센터플러스빌딩 1004호(07371)
전 화 | 02-2612-5552
팩 스 | 02-2688-5568
E-mail | jlee5059@hanmail.net

등록번호 제2013-000076
등록일자 2008년 9월 29일

ISBN 979-11-5634-522-0

미주아동문학 6인 작품집

시간의 선물

김일홍 | 김사빈 | 정해정
양민교 | 홍영순 | 김정숙

책을 펴내며

팬데믹에 '추억 전용기'를 타고

미주 한국아동문학가 협회는 한 달에 한 번씩 모여서 공부하고, 해마다 『미주 아동문학』 작품집을 발간하였습니다.

그러나 코로나 팬데믹으로 2년 넘게 모이지 못하고 『미주 아동문학』을 발간하지 못했습니다.

2021년 가을, 코로나바이러스가 한창 심할 때 우리가 할 수 있는 일을 찾다 보니 우선 나이가 칠십 대 이상인 미주 아동문학가들이 작품집을 만들기로 했습니다. 새로운 창작보다는 우리들의 어릴 적 이야기를 쓰기로 의견을 모았고 칠팔십 대의 아동문학가 여섯 명이 어린 시절 이야기를 쓰기 시작했습니다. 연세가 구십이 넘은 분들은 글은 못 쓰겠다고 하셨지만, 열심히 응원해 주시며 책이 출간되기를 기다리고 계십니다.

여기 함께한 여섯 작가는 민족 격동기인 일본 통치 말기와 해방, 6·25전쟁을 겪은 세대입니다. 많이 힘들었던 만큼 어릴 적 이야기도 다양하고 많습니다.

고향이 다르고, 미국에 이민해 온 시기도 다르고, 미국에 산 기간도 다릅니다. 적게는 30년을 살았고, 제일 오래 산 작가는 53년을 살았습니다.

캘리포니아, 텍사스, 하와이, 버지니아에 흩어져 살고 있습니다. 같은 미국인데도 시차가 2시간에서 5시간 차이가 납니다. 비행기를 타고도 몇 시간씩 가야 만날 수 있는 곳에 살고 있습니다. 동시와 동화를 쓰는 우리는 오랫동안 미주 아동문학가 협회 회원으로 같이 작품집을 출간했지만 멀리 떨어져 있어서 직접 대면해서 만나지 못한 사람들도 있습니다.

이번 작품집은 태어나서 초등학교 졸업할 때까지의 어릴 적 이야기를 꾸밈없이 썼습니다. 기쁘고 행복한 이야기, 무섭고 슬픈 이야기를 진솔하게 썼습니다. 칠팔 십 년 전으로 돌아가 글을 쓰다 보니 그동안 한 번도 쓰지 않았던 말들이 생각났습니다. 어떤 말들은 사전을 찾아도 없는 말들과 기억이 희미한 이야기들은 고향에 있는 형제들에게 물어가며 쓰기도 했습니다.

어린이로부터 노인들까지 모든 사람이 쉽고 재미있게 읽을 수 있게 썼습니다.

코로나바이러스는 우리에게 '노약자이니까 집에 있으라.'라고 겁을 줬지만, 우리는 〈추억 전용기〉를 타고 칠팔 십 년 전 고향으로 여행을 다녀왔습니다. 고향에 가서 할아버지와 할머니, 아버지 엄마, 그리고 형제들을 만났습니다. 학교에도 다니고, 친구들과 산과 들로 뛰어다니며 신나고 재미있게 놀았습니다. 6·25전쟁 때는 울며 피난도 다니고 배도 고팠습니다. 행복하게 웃기도 하고 눈물을 흘리기도 했습니다.

오랫동안 타국에 살던 우리는 이번 글을 쓰면서 마음의 치유가 되었습니다.

움츠러들었던 마음에 용기가 생기고 활기를 되찾았습니다. 계속 글을 창작할 힘도 생겼습니다.

하루빨리 코로나바이러스가 모두 없어져서 마음 놓고 고향으로 여행을 갔으면 좋겠습니다.

2022년 여름

김일홍. 김사빈. 정해정. 양민교. 홍영순. 김정숙

차례

김일홍

1938년 평안북도 철산 출생

* 고려대학교 문리대 철학과(학사)
  고려대학교 대학원 윤리학과(석사)
* 경력: 여원잡지사 편집부 기자. 남 북 적십자회담시 판문점 출입. 국가 공무원 정보대학원 교수. 미국 California Laguna Woods 한인회 회장 역임.
* 수상: 동아일보 '신동아' 논픽션 '판문점' 당선. 미주 아동문학 동화 당선. 호국문예 단편소설 당선. 중앙일보 6·25. 60주년 수필 당선
* 저서: 동화집 『꽃노루』, 동인집 『울엄마』
* 미주 문인협회, 미주 소설가 협회, 미주 아동문학가 협회 회원.
* 1992년 미국에 이주하여 현재 미국 California Laguna Woods 거주
* ilhong3438@gmail.com

모든 사람들은 나름대로 어린 시절의 추억이 있다. 각자의 세월 속에 살아온 추억은 우리들 자신의 역사이다. 역사의 토양위에 서서 발을 붙이고 오늘을 살고 미래를 영위한다. 그 역사 속에는 아름다운 이야기들과 슬펐던 이야기들이 담겨있다. 그러나 오랜 세월이 흐르다 보니 추억이 희미해져 그 날의 일들이 기억에서 살아지고 있다.
나는 나의 소중한 그 시절을 찾고 싶었다.

그날 그리고 오늘

프롤로그

모든 사람은 나름대로 어린 시절의 추억이 있다. 각자의 세월 속에 살아온 추억은 우리 자신의 역사이다. 역사의 토양 위에 서서 발을 붙이고 오늘을 살고 미래를 영위한다. 그 역사 속에는 아름다운 이야기들과 슬펐던 이야기들이 담겨있다. 그러나 오랜 세월이 흐르다 보니 추억이 희미해져 그날의 일들이 기억에서 사라지고 있다.

나는 나의 소중한 그 시절을 찾고 싶었다. 옛날의 나를 찾자니 기억이 가물거린다. 그래서 더듬어 올라가면서 흐트러진 조각들을 주워 모아 이야기를 맞추어 보았다.

내 기억으로 판단할 수 있는 시기는 1944년 내가 6살 때부터라고 생각된다.

일제 강점기 시대에 나는 일본인이 운영하는 유치원과 일본 소학교에 다녔다. 우리나라와 민족을 말살하려는 일본 황국신민의 교육을 받은 것이다.

1945년 해방이 되었다.

북한에는 소련군과 김일성 집단이 공산 정권을 수립했다. 나의 고향이 북한인지라 그때 나는 공산 치하에서 인민학교에 다녔다.

일본 강점기에 지주라는 이유로 토지개혁 시 우리는 북한 공산 치하에서 축출당했다.

자유를 찾아 죽을 고비를 넘기며 1948년 배를 타고, 남으로 월남 인천에 정착했다.

당시 남쪽은 미군이 있었다. 이승만 대통령이 자유민주주의를 근간으로 하는 대한민국을 건국했다. 나는 대한민국에 와서 참된 민주주의 교육을 받았다.

1950년 6월 25일, 북한군의 남침으로 민족의 수난을 맞았다. 민족의 비극이었다.

남한에서 생활이 안정되어 가고 자유로운 삶을 살 수 있는 시기에 발발한 것이다.

이렇게 나는 일본 제국주의의 강점기에서 해방을 맞았고, 북한 김일성 공산 집단의 횡포에 못 이겨 탈출을 감행했다, 이승만 대통령이 건국한 자유민주주의 대한민국에 와서 사람다운 삶을 살았다. 체제와 이념을 넘나들면서 6살에서 12살, 6년간의 나의 짧은 이야기를 풀어 볼까 한다.

떴다. 떴다. 비행기

파란 하늘에 꽃구름이 피어나고 있었다.

꽃구름 속에 반짝이는 자그마한 물체가 보였다. 구름 속으로 숨었다 다시 나오곤 했다. 신기하고 귀엽게 보였다. 많은 사람이 입을 벌리고 하늘을 쳐다보고 있었다.

"비행기다."

누군가가 소리를 질렀다. 비행기가 너무 하늘 높이 떠있어 움직임이 없어 보였다. 그냥 서 있는 것 같았다. 어디로 가는 비행기인지, 어느 나라 비행기인지 알 수 없었다.

"미국 비행기다."

하늘을 뚫어지게 바라보고 있던 누군가가 소리 질렀다. 환희의 소리였다. 사람들은 일본 비행기는 하늘 높이 뜰 수 없다고 했다.

"우리 구세주가 오셨다. 우리 어머니가 오셨다."

사람들은 미국 비행기를 "구세주요, 어머니."라고 했다.

조선 사람들은 일본으로부터 해방을 바라는 한결같은 마음이리라. 골목에서 꼬마 아이들이 윤석중 선생님의 동요 '비행기'를 부르며 우르르 떼 지어 몰려나왔다.

떴다. 떴다. 비행기 날아라 날아라
높이 높이 날아라 우리 비행기
내가 만든 비행기 날아라 날아라
멀리멀리 날아라 우리 비행기

일본의 진주만 기습공격으로 시작한 미국과 일본의 태평양전쟁은 비행기 싸움이었다.

싸움이 끝날 무렵 1945년 8월 6일, B-29기가 히로시마에 원자폭탄을 투하했다.

큰 인명 피해와 도시가 파괴되었다. 그러나 일본은 항복하지 않았다. 또다시 8월 9일 나가사키에 원자폭탄을 투하했다. 원자폭탄의 위력은 더 대단했다. 전쟁 막바지에 일본은 두려움을 느꼈다. 다음 차례는 일본 천황이 살고 있는 동경 황궁이 아닐까 하는 공포를 느꼈으리라.

1944년 봄, 해방되기 일 년 전이다. 나는 6살 꼬맹이였다. 나의 고향은 '장화홍련전'으로 이름이 나 있는 평안북도 철산이다. 우리 집은 고을에서 열 손가락 안에 두는 부유한 집안이었다.

전쟁 막바지에 우리 마을에 유치원이 생겼다. 일본 관리 아이들을 보내려고 유치원을 만든 것이다. 일본 제국주의의 표석을 만들려는 일본의 기만주의 정책의 일환이었다. 일본에 아첨하는 조선인의 아이들과 고을에서 돈깨나 있는 자식들을 입학시켰는데 나는 후자에 속했다. 유치원의 올망졸망한 아이들은 어른들처럼 일본 사람들에게 굽실거리거나 절절매지는 않았다. 나는 막내로 자라서인지 내 멋대로 행동하는 장난꾸러기였다.

유치원에 '오하라'라는 안하무인인 일본 아이가 있었다. 심보가 고약하기로 유명한 고을 경찰서장의 아들이었다. 오하라는 꼬마 경찰서장 노릇을 했다. 그런 오하라를 나는 못 마땅해했지만, 그냥 모른 척하고 지냈다. 그럴 수밖에 없는 것이 유치원 선생님들은 일본 아이들만 챙기고 편애를 했기 때문이다. 오하라는 누구한테나 건방을 떨며 떼를 썼다. 오하라는 사무라이 행세를 하면서 나무로 만든 목검을 차고 다녔는데 그 목검으로 아이들을 때리거나 찔렀다. 그러다 보니 조선 아이들은 오하라를 무서워하며 피했다.

어느 날이었다.

나는 교실 창가에 앉아 운동장에서 뛰노는 아이들을 바라보고 있었다. 오하라가 나에게 다가오더니 자리에서 일어나라고 명령을 했다. 나는 모른 체했다. 오하라는 화가 났는지 일본 말로 바가야로."라고 욕을 하면서 목검으로 나의 목을 찔렀다. 다행히 살짝 비켰기에 목검은 나의 목을 비껴갔지만, 목검이 스친 나의 목에서 피가 조금 흘렀다. 나는 화가 났다. 오하라 정도는 얼마든지 해치울 수 있다고 자신했다. 그러나 참았다. 나는 오하라를 노려보고만 있었다. 오하라는 나의 태도가 못마땅했는지 다시 목검을 들고 나를 향해 돌진했다. 나는 반사적으로 몸을 살짝 비켰다. 오하라는 몸의 중심을 잃고 책상 모서리에 얼굴을 들이박았다. 얼굴이 금세 시퍼렇게 멍이 들었다. 눈을 다치지 않은 것이 다행이었다. 화가 난 오하라가 다시 나에게 달려들어 주먹질했다. 나는 눈에서 별이 튀었다. 순간 나도 주먹을 불끈 쥐고 오하라의 얼굴을 후려쳤다. 그런데 나의 주먹이 오하라의 코를 빠개놓은 것이다. 오하라의 코에서 코피가 솟았다. 오하라는 "앙" 하고 울음을 터뜨렸다. 선생님들이 달려왔다. 유치원 전체가 야단법석이었다. 선생님은 무조건 나를 나무라고 오하라를 달래고 있었다. 갑자기 오하라의 얼굴이 퉁퉁 부어올랐다. 책상 모서리에 박은 상처였다. 병원으로 갔다. 나는 아무렇지 않게 집으로 왔다.

당시 일본의 식민지 시대라 어쩔 수 없이 우리나라 사람들은 일본 관리들에게 굽실거리거나 아부를 해야만 했다. 아버지는 더욱 그랬다. 지주요 양조장을 운영하다 보니 자연 일본 사람들과 접촉을 많이 해야만 했다. 그러다가 그들의 비위에 맞지 않으면 이유 없이 일본 형사들은 조선 사람들을 경찰서로 끌고 갔다. 간단한 방법은 "너 독립운동자와 내통했지?"하고 고문을 했다.

우리 고을 철산은 신의주와 중국 단둥으로 통하는 길목이라 사람들의 왕래가 빈번했다. 독립운동을 한다는 사람들도 오고 자금을 구하러 오는 때도 있었다. 일본 형사들은 어떻게 냄새를 맡는지 조선 사람들의 동향을 잘 파악하고 있었다.

내가 오하라와 싸운 그다음 날 일본 형사가 우리 집에 와서 아버지를 붙잡아 갔다. 나는 왜 아버지를 붙잡아 가는지 이유를 알 수 없었다. 우리 집은 난리가 났다. 어머니는 아버지를 찾으러 지인들에게 수소문해서 알아보았으나 아는 이가 없었다. 소문으로는 아버지가 독립군에게 군자금을 건넸다는 말이 돌았다. 아버지는 매에 못 이겨 독립군에게 자금을 넘겨주었다는 자백을 했다고 했다. 그러나 근거 없는 말은 아니었다. 압록강 건너 단둥에 외삼촌이 살고 있었다. 아버지와 어머니는 매년 초에 단둥 외삼촌 집에 다녀왔다. 외삼촌이 단둥에서 독립운동을 하는 지사들과 많은 관계를 맺고 있다고 했다. 일본 형사가 그런 정보를 알고 있는 듯했다.

아버지가 붙잡혀 간 지 일주일 만에 마차에 실려 집으로 돌아왔다. 걸어서 나간 사람이 누워서 온 것이다. 만신창이가 되어 온 것이다. 얼마나 많은 고문을 당했는지 며칠 낮 밤 대소변을 가리지 못했다. 다행스러운 것은, 어머니의 지극 정성 간호로 아버지는 차츰 회복되어갔다. 나중에 아버지가 나로 인해 경찰서로 끌려간 것을 알았다. 유치원에서 오하라와 싸운 것이 아버지에게 불똥이 튄 것이다. 나는 마음이 아팠다. 아버지한테 미안했고 괴로워하는 아버지가 불쌍해 울고 싶었다. 아버지 곁에서 속죄하는 마음으로 앉아 있으면 아버지는 찌그러신 얼굴에 미소를 지으시며 나의 손을 꼭 잡아주셨다.

"막내야! 괜찮다."

아버지의 말에 나는 흐느껴 울어 버렸다. 아들이 조센징 아이한테 얻어맞아 얼굴이 찢어지고 피멍이 든 것을 보고 일본 경찰서장이 화를 낸 것이다.

"당장 그놈의 아비를 잡아다 혼내주라."

누구의 명령이라고 거절하겠는가. 일본 형사가 당장 아버지를 붙잡아 간 것이다.

이 사건의 소문이 솔솔 퍼져 온 마을 사람들이 아버지의 고문사건을 알게 되었다. 그러다 보니 아버지는 갑자기 독립운동가가 되었다.

중국 단둥에 가다

나는 우리 마을에 기찻길이 생기고 기차가 들어온다는 어른들 말을 듣고 호기심이 생겼다. 기차가 어떻게 생겼는지 알지 못했다. 쇳덩어리가 달린다고 했다. 시골의 소달구지를 본 것 외에는 기차를 본 적이 없다. 기차가 철로 위를 어떻게 달리는지 궁금했다. 그런데 중국 단둥에 사는 외삼촌 집에 갈 일이 생겼다. 어머니가 나를 데리고 단둥에 간다고 했다. 꿈만 같았다. 나는 흥분에 들떴다. 어머니가 사 주신 비싼 호랑이 가죽 코트를 입고 나섰다.

중국 단둥은 신의주와 압록강을 사이에 두고 접해있는 국경도시이다.

백두산에서 흐르는 물줄기가 두만강과 압록강으로 갈라 흐르고 있다. 두만강 줄기는 동해로 압록강 줄기는 서해로 들어간다. 중국 랴오닝성의 단둥은 조선족이 많이 살고 있다.

1895년 동학혁명 이후 양반들의 학대와 심한 가뭄에 굶주린 농민들은 무작정 간도 땅으로 이주해서 황무지를 개간하고 옥토를 만들어 정착했다. 동학혁명에 실패로 간도 땅으로 온 농민들은 한이 맺혀 있어 민족의식이 강했다. 그 한의 피가 간도 땅에서 피어났다. 광활한 땅에 정착한 조선인들은 자유스러웠다. 간도에는 가렴주구의 양반들이 없었다. 일본의 압제에서도 벗어날 수 있었다. 자연 독립운동의 본고장이 되었다.

나는 단둥의 외삼촌을 잘 모른다. 아버지가 하시는 양조장 사업과 관련 있는 것으로만 알고 있었다. 이번 방문은 외삼촌의 딸인 사촌 누나가 시집을 간다고 해서 가는 것이다. 단둥에 가는 길에 신의주 동중학교에 다니는 두 형을 만나기로 했다.

처음 타는 기차였다. 기차는 흰 눈이 쌓인 대지를 달리고 있었다. 나는 창밖에 전개되는 아름다운 강산에 사로잡혀 있었다. 기차가 빠르긴 했다. 그러다 보니 어느새 신의주역에 도착했다. 신의주역은 요란했다. 일본 군인들이 많이 몰려있었다. 군수물자도 많이 쌓여있었다. 중국과 전쟁을 하기 위해 만주로 이동하는 군부대라고 했다.

신의주역에 작은 형이 마중 나와 있었다. 작은 형의 안내로 우리는 인력거를 타고 형들이 묵고 있는 하숙집으로 갔다. 그런데 큰 형은 보이지 않았다. 큰 형은 일본 형사들을 피해 도망갔다고 했다. 아버지와 어머니의 얼굴에 불안한 기색이 역력했다.

얼마 전 일이다. 압록강 얼음판에서 신의주 학생 스케이트 선수

권 대회가 있었다. 그 시합에서 일본 선수가 신의주 동중 선수를 고의로 밀쳐 쓰러트린 사건이 있었다.

쓰러진 동중 선수가 우승 후보였는데 고의로 밀친 일본 선수가 우승한 것이다.

그때 응원 차 나온 큰 형을 비롯해 동중학교 학생들이 불공평 판정에 강력하게 항의를 했다. 결국, 패싸움이 벌어진 것이다. 이럴 때는 큰 형은 항상 앞장을 서서 싸웠다.

사건을 대비해서 일본 형사들이 나와 있었다. 큰 형을 체포하려고 다가오는 일본 형사를 큰 형은 그 유명한 쇠붙이 축구화로 형사의 얼굴을 가격했다. 당시 주먹 왈패들은 축구화에 뾰족한 쇠를 붙였다. 큰 형은 발길질을 잘하기로 소문나 있었다. 일본 형사가 얼굴을 감싸고 쓰러졌다. 그사이 큰 형은 잽싸게 도망쳤다. 일본 형사들이 큰 형을 잡으려고 사방팔방 애를 썼지만 허사였다. 큰 형은 한동안 숨어다녀야 했다. 자연 큰 형은 요시찰 인물이 되었다.

다음 날 아침, 우리는 단둥으로 떠났다. 국경선인 압록강 다리를 걸어서 건너기로 했다. 압록강 다리를 건너갈 때 나는 작은 형이 사 준 바람개비를 돌리며 압록강 다리를 이리저리 뛰어다녔다. 바람개비가 빙글빙글 잘도 돌았다. 압록강 강폭이 1km 정도의 길이었다. 까맣게 내려다보이는 다리 밑에는 푸른 강물이 넘실거리며 흐르고 있었다. 백두산 천지에서 굽이굽이 흘러 내려온 강물이었다. 나는 신이 났다. 달렸다. 바람개비는 씽씽 잘도 돌았다. 그런데 바람개비 꼭지가 튕겨 나가며 '삐르르' 하고 압록강 다리 밑으로 떨어져 날았다. 바람개비는 거세게 흐르는 압록강 물결을 타고 떠내려가고 있었다. 아쉬웠다. 그러나 평생 추억에 남는 일이었다.

압록강 끝 단둥 세관에 오니 중국 세관원은 아버지와 어머니의 짐을 조사했다. 중국 관리는 내가 입은 호랑이 가죽 코트를 만지더니 별일이 없다는 듯 아버지와 어머니의 증서를 돌려주었다. 왜 중국 관리가 내 호랑이 가죽 코트를 만졌는지 알 수 없었다. 압록강 다리를 나오니 인력거가 호객하며 즐비하게 늘어서 있었다. 중국인들은 피골이 상접 해 보였고 몰골이 말이 아니었다. 쿨리(Coolie)라고 하는 중국 노동자들이었다. 이들은 일광욕하며 길가에 앉아서 옷을 벗고 무엇인가 잡고 있었다. 이를 잡고 있었다. 잡은 이를 먹고 있었다. 징그러웠다. 사람이 아니라 침팬지 같았다.

단둥의 길은 질척거렸다. 무연탄이 흩어져 길바닥이 까맣다. 외삼촌 집으로 들어가는 길이 너무 질척거려 인력거가 더 이상 들어갈 수 없다고 해서 걸어서 가기로 했다. 그런데 나는 또 사고를 치고 말았다. 조심스럽게 걸어가야 하는데 무연탄이 쌓인 곳으로 올라가 깡충깡충 뛰다가 그만 미끄러져 무연탄 물구덩이에 빠지고 말았다.

호랑이 가죽 코트가 엉망이 되었다. 호랑이 가죽 코트가 흠뻑 젖어 까맣게 물이 들었다. 아버지의 눈빛이 달라지는 것이 보였다. 눈이 옆으로 째지는 아버지의 얼굴을 보고 나는 흠칫 놀랐다. 그날 저녁 나는 파티에 참석할 수가 없었다. 옷을 벗고 혼자 방에 있는데 문이 열리며 큰 형이 들어왔다.

나는 깜짝 놀랐다. 신의주에서 큰형을 보지 못했는데 외삼촌 집에서 만나니 반가웠다. 그간 큰 형은 압록강 싸움 후 신의주에서 단둥 외삼촌 집으로 도망 온 것이다.

"어! 막내 왔구나."

나를 보더니 큰 형은 의외라고 반가워했다. 외삼촌이 들어오면서 나를 반겼다. 외삼촌과 큰 형은 귓속말로 뭐라고 하는데 큰 형은 머리를 끄덕이며 듣고 있었다. 큰 형의 신변 안전에 관한 이야기인 것 같았다. 훗날 나는 단둥 모임을 알게 되었는데 사촌 누나의 결혼을 핑계로 만주에서 독립운동을 하는 지사들이 참석 회의를 했다고 했다.

나의 어머니

나의 어머니는 살짝곰보이시다. 살짝곰보는 예쁘다고들 하는데 나의 어머니는 예쁜 얼굴은 아니다. 어머니의 얼굴은 네모 형인데 아버지는 어머니를 놀리실 때면 '메주를 빚어 놓은 얼굴'이라고 하셨다. 어머니는 과묵하셔서 아버지의 장난기 말을 듣지도 않으셨다. 키는 작은 편인데 몸은 토실토실했다.

어머니가 살았던 그 시대에 천연두는 죽음이었다. 어머니는 천연두로 눈 밑과 콧등에 솟아난 열꽃이 딱지가 떨어지지 않은 상태에서 비비거나 뜯어내어 곰보 흠집이 생겼다고 했다. 그래도 나는 어머니가 미인이라고 생각한다. 어머니에게는 또 다른 특징이 있다. 오른손 검지손가락 매듭이 잘려나가 손가락이 잘록하시다. 어머니는 왜 손가락이 잘려나갔는지 말씀을 하시지는 않았지만, 외할머니의 말로는 농사일하다 그랬다고 한다.

어머니의 집은 입에 풀칠도 못 할 정도로 가난했다고 한다. 아들이 없는 딸 다섯 식구에 어머니는 맏딸이었다. 아버지를 도와 농사일을 했고 어머니를 도와 가사 일을 했다. 소죽을 쑤어 소를 먹이고 가마니를 짰다. 어린 나이에 얼마나 힘이 들었을까? 가을 추수 때 탈곡기에 손이 말려 들어가 오른손 검지손가락 마디가 잘려나갔다고 한다. 그 시기엔 병원이 없어 된장을 손가락에 바르고 무명천으로 감싸고 다녔다. 그런데 이상하게도 어머니의 잘린 손가락 손으로 만들어 내는 음식 맛은 기차다는 소문이 났다.

아버지는 홀어머니를 모시고 경상도 경주에서 살았다고 한다. 할아버지는 동학교도였다고 하는데 성격이 활달해서 불의를 참지 못해 양반들의 눈총을 많이 받았다고 한다. 확실치는 않으나 할아버지는 경상도에서 뜻이 맞는 동학교도들을 이끌고 1894년 11월 충청도 공주 우금치 전투에 가담했다고 하는데, 우금치 싸움에서 동학농민혁명군은 조선 관군과 현대식 무기를 갖춘 일본 군대에 대참패를 당했다. 그 싸움에 동학군은 전멸하다시피 했다.

농민들은 뿔뿔이 흩어져 도망을 쳤다. 조선 관군과 일본군에 잡히면 그 자리에서 능지처참을 당했다. 농민들이 죽은 숫자만 해도 3만 명이 넘는다고 했다. 그때 할아버지는 일본군에 잡혀서 죽었다는 말도 있고 어디론가 도망갔다고 했다. 행방불명이었다. 그 후로 농민들은 양반들의 패악질로 살기가 어려웠다. 게다가 가뭄으로 농토는 폐허가 되어 굶어 죽는 농민들이 속출했다. 살기 위해 농민들은 고향을 버리고 드넓은 만주 땅으로 떠났다.

아버지가 12살 때 할머니와 어린 여동생은 만주 서간도로 떠나는 할머니의 친정 식구를 따라나섰다. 포항에서 배로 서간도로 가는 도중 물을 공급받으러 철산반도 해안가에 들렀는데 어느 누가 철산 고을이 살기가 좋다고 해서 일부는 남고 나머지는 서간도로 들어갔다. 그때 아버지는 남고 외삼촌은 단둥으로 들어갔다고 한다. 아버지는 어린 나이에도 할머니와 어린 여동생을 보살피며 살았다.

그러나 낯선 곳이라 살기가 어려웠다. 시장에서 먹거리를 찾아 헤매다 잡화상을 하는 노부부의 눈에 들어 아버지는 잡화상의 점원이 되었다. 점방이라야 호롱불 석유를 팔고, 낫이며 칼 등 농기구를 팔았다.

아버지는 바지런하고 붙임성이 있어 노부부는 아버지를 친 아들처럼 보살펴 주었다. 아버지가 나이가 들어 노총각이 되었다. 노부부는 먼 친척의 딸을 중매해서 부부의 연을 맺었다. 그 여인이 나의 어머니이시다. 점방 살림살이가 오죽했을까. 자식 낳고 살자니 앞으로 살길이 막연했다. 어머니가 용단을 내렸다. 장바닥에 나가 음식 장사를 시작한 것이다.

닷새에 한번 서는 장날에 나가 냉면을 말았고 돼지머리 편육에 막걸리를 팔았다. 여기서 어머니의 잘록한 손가락으로 만들어 내는 음식 맛이 일품이었다. 음식 맛이 널리 널리 알려지기 시작했다. 음식 장사가 호황을 보게 되었다. 장에 나오는 사람들은 거의 다 막걸리 한 사발을 먹고들 갔다. 어머니의 잘록한 손이 보배였다.

"나의 잘록한 손가락은 하느님이 주신 선물이다."

훗날 어머니는 말씀하셨다. 음식 장사는 그야말로 성황을 이루었다. 장이 서는 닷새를 기다릴 수가 없었다. 점방을 헐어 음식점을 만들었다. 아버지는 돈을 모으는 재미에 푹 빠져 장사에서 걷어 들인 돈을 세어보고 또 세어보았다. 어머니는 돈을 세는 아버지에게, '돈이 다 헐어서 결레가 되겠수다.'라고 핀잔을 주곤 했다. 어머니가 벌어들인 돈으로 아버지는 무조건 땅을 샀다. 그 시대 사람들의 생각은 땅을 사면 누구도 땅을 파가지 못한다고 생각했다. 땅만이 믿을 수 있는 재산이라고 당시 사람의 관념이었다. 농토가 조금씩 늘어가는 재미에 아버지는 이제야 세상사는 보람을 느낀다고 말하곤 했다.

아버지의 삶의 신념은 지성이면 감천(至誠感天)이라고 믿고 살아오신 분이다. 지극한 정성은 하늘을 감동시킨다는 뜻으로 무슨 일이든 정성을 다하면 어려운 일도 순조롭게 풀리어 좋은 결과를 맺을 수 있다는 말이다. 아버지는 그 뜻을 받아 성공했다.

우리 집은 고을에서 부농으로 부유하게 살았다. 홀어머니와 어린 동생을 거느리고 살아온 아버지와 빈농의 맏딸인 어머니가 초년에 만나 고생을 하면서 모으고 모은 재산이었다. 자수성가한 재산이었다. 아버지는 무학이지만 사업적 머리는 남달리 회전이 빨랐다. 고을에서 양조장을 처음 차렸다. 어떻게 술장사를 하겠냐며 어머니는 반대했다. 당시 어머니는 믿음이 깊은 예수교 신자였다.

한국에서 초기 기독교 발생지는 평안북도 선천이란 고장이다. 1898년 휘드모어 선교사가 선천 선교지부에 파견되어 기독교가 널리 전파하게 되었다. 선천 선교부에서 근처 지역의 선교를 나섰는데 젊은 선교사가 우리 철산 고을에 들어와 선교하게 되었다. 그러나 선교사가 먹고 잘 곳이 없었다. 그때 어머니가 선교사를 집으로 들이고 숙식을 제공했다. 믿음이 없던 어머니에겐 대단한 일이었다. 그러나 어머니는 목적이 따로 있었다. 한글을 모르는 어머니는 선교사로부터 한글을 배울 욕심이었다. 성경을 통해 글을 배우다 보니 성경을 읽었고 신앙 교리를 배우게 되었다. 어머니는 자연 예수님을 영접했고 믿음을 가지게 되었다. 점점 신앙이 깊어 굳건한 하나님의 딸이 되었다. 믿음의 역사는 짧지만, 누구 못지않게 하느님의 영적 사업에 헌신할 수 있게 되었다.

우리가 사는 철산 고을 중부동에 새 교회를 세우기로 하고 건축헌금을 모았다. 그러나 가난한 농민들이라 건축헌금 모으기가 어려웠다. 어머니는 교회 건축하는데 한몫을 했다. 종각을 세우는데 말이 많았다. 돈이 없으니 종각은 나중에 세우자고 했다. 그러나 어머니는 종각 없는 교회가 어디 있느냐며 교회 종각을 혼자서 맡아 세우겠다고 했다. 훗날, 어머니는 '종탑의 종소리는 하나님의 부르심'이라고 말씀하시곤 했다.

어느 날 아버지가 곡식을 쌓아 놓은 광에 들어갔다가 얼굴이 벌게서 씨근거리며 나오셨다. 어머니를 찾으셨다. 아버지는 가끔 광에 들어가 옛날 가난했던 때를 회상하며 광에 가득히 쌓여있는 곡식을 감상하곤 했다. 광에 쌓여있는 곡식을 보면 밥을 먹지 않아도 배가 부르다고 하셨다. 그런데 광에 들어가 보니 가득히 쌓여있는 곡식이 하나도 없는 것이 아닌가. 어머니는 이미 광의 곡식을 다 팔아 그 돈으로 교회의 철탑 종각을 세우셨다.

이런 일로 아버지와 어머니가 대판 싸웠다. 그러나 아버지는 어머니한테는 항상 싸움은 지셨다. 그렇게 해서 교회 앞마당에 철탑 종각이 세워졌다. 어머니는 종탑을 높이 쌓아 올리라고 주문을 했다. 그래야 하나님이 부르시는 소리가 널리 널리 울려 퍼져 교인들이 모여든다는 것이다. 주일 예배시간을 알리는 종소리가 울려 퍼질 때마다 어머니의 얼굴엔 맑은 미소가 피어나 있었다.

일제강점기에 우리 기독교 신도들은 수난 시대였다. 종교의 탄압이 심했다. 일본이 패망 직전에 우리나라 종교인들에게 신사참배를 강요했다. 굴복한 종교인들도 많았다. 그러나 주기철 목사님의 일사각오(一死覺悟) 정신, 즉 하느님과 조국을 위해 죽음을 마다하지 않는다는 목사님의 설교를 듣고 어머니는 신사참배를 하지 않고 굳건한 신앙을 키웠다.

해방을 맞으면서

1945년 봄, 나는 우리 마을의 일본 소학교에 입학했다.

학교엔 우리나라 글이 없었다. 일본은 1938년 '조선 교육령'을 개정 반포했다. 조선어 교육을 폐지하고 수업시간에도 일본어만을 사용해야 한다는 내용이었다. 그러다 보니 나는 우리나라 글이 없는 해에 태어난 것이다. 글을 없애기는 쉬워도 말은 없어지기 어렵다. 우리 민족은 수천 년 같은 말을 쓰며 살아왔다. 그런데 말을 없앤다면 민족을 말살하겠다는 것이다. 엄청난 일이다. 공부시간에는 우리나라 말을 할 수 없었다. 우리나라 말을 하면 누가 선생님에게 고자질해서 벌을 받았다. 나는 여러 번 교무실에 불려가 벌을 받았다. 누군가가 고자질을 하는 놈이 있는 듯했다.

일본 소학교에서 배운 일본어 단어는 단 두 마디였다고 기억이 된다.

히꼬기(Hikkogi)와 모모다로(Momodaro)였다.

히꼬기는 비행기라는 말이고 모모다로의 모모는 복숭아이고 다로는 일본 남자의 이름이다. 이 두 단어가 일본의 침략 근성을 잘 말해준다고 생각되었다.

나는 비행기를 본 적이 없다. 일본 국어 교과서에 그림으로 빨간 O (Zero) 마크를 그린 비행기가 미국 해군기지인 진주만을 기습 공격하는 장면이 나와 있었다. 태평양전쟁 초기엔 일본 비행기가 미국 비행기보다 앞섰다고 했다. 공포의 비행기로 불리는 일본의 가미카제(Kamikaze) 특공대였다. 비행기에 폭탄을 싣고 비행 조종사와 같이 적군의 함대에 돌진해서 자살 공격을 하는 특공비행기다. 일본은 2차 대전 말기의 자폭공격 비행기로 발악했다. 세계 전사에 들어 본 적이 없는 최악의 작전이었다. 일본의 가미카제 정신을 우리 꼬맹이들에게 교육한 것이다.

모모다로는 일본의 설화의 주인공이다. '복숭아 소년' 은 일본의 대중적 영웅으로 불린다. 옛날, 일본에 노부부가 살았는데 할아버지는 산에 나무를 하러 가고 할머니는 빨래하러 강에 갔다. 할머니는 강에서 떠내려오는 커다란 복숭아를 건져 집에 가지고 와서 복숭아를 쪼개 보니 사내아이가 나왔다. 노부부는 모모다로라고 불렀다.

오니가시마라는 곳에 악귀들이 나타나 시민을 괴롭힌다고 해서 모모다로는 오니를 퇴치하기 위해 개, 원숭이, 꿩과 함께 악귀들이 사는 곳으로 가서 오니를 퇴치하여 평화스러운 마을을 만들어 시민들과 행복하게 살았다는 이야기다.

일본 제국주의자들은 모모다로는 일본이고 미국은 악귀인 오니로써 미국을 퇴치해서 세계평화를 찾아야 한다고 학생들에게 교육을 시켰다.

1945년 8월 여름 방학이라 신의주 동중에 다니던 작은 형이 집으로 내려와 있었다. 작은 형은 아침부터 소형 라디오를 만지고 있었다. 새로운 소식을 듣기 위해서였다.

1945년 8월 15일 정오.

드디어 일본 천황 히로히토는 떨리는 음성으로 연합군의 포스담 선언을 수락했다.

항복한다는 방송이다. 결국, 전쟁 승리의 주인공은 미국 비행기 B-29였다.

"아버지! 일본이 항복했어요."

"그게 무슨 말이냐?"

아버지는 불편한 몸으로 누워 있다가 벌떡 일어나셨다. 1년 전, 나로 인해 고문을 당한 아버지는 아직도 몸 상태가 좋지 않으셨다. 그러나 기운이 솟았는가 보다.

해방 소식이 온 동네에 급속히 전파되었다. 교회의 종소리가 울려 퍼졌다. 어머니가 만든 종탑에서 울려 나오는 종소리였다. "조선 독립 만세!" 소리가 천지를 울렸다.

"조선 독립 만세!" 소리가 은은히 들리더니 점점 소리가 거세게 울려 퍼져나갔다.

온 마을 사람들 모두가 밖으로 나왔다. 이 골목 저 골목에서 꾸역꾸역 쏟아져 나왔다. 언제 만들었는지 손에 태극기를 들고 "조선 독립 만세!"를 외치며 몰려나왔다.

작은 형과 누나도 밖으로 나갔다. 나도 잽싸게 뒤를 따랐다. 사람들이 공회당 뜰로 몰려들었다. 공회당 뜰은 온 마을 사람들로 꽉 차 있었다, 사람들이 겹겹이 쌓여 있어 안에서 무슨 일이 벌어지는지 알 수가 없었다.

"와, 와!" 함성이 터져 나왔다. 그 소리가 나를 더 흥분시켰다. 나는 안으로 들어가려고 사람들의 가랑이 밑으로 한 사람씩 제치고 앞으로 살살 기어들어 갔다. 앞줄까지 당도한 나는 그만 입을 딱 벌리고 말았다. 눈앞에 나타난 해괴망측한 광경을 보고 그만 나는 아연실색 했다. 나는 공회당 뜰의 광경을 영원히 잊을 수 없다. 내 눈앞에 나타난 사실은 너무나 참혹했고 무서웠다. 어제까지만 해도 마을을 호령하던 경찰서장이 개처럼 벌벌 기면서 마을 청년들로부터 몽둥이로 뭇매를 당하고 있었다. 옷은 갈기갈기 찢기어 걸레가 되었고 몸은 피로 멍이 들어 속살이 들여다보였다.

일 년 전, 아버지가 경찰서에서 고문을 당하고 만신창이가 되어 돌아온 그때 모습이었다. 아니 더 이상 치욕적인 린치 장면이었다. 경찰서장은 이미 실신 상태에서 허우적거렸다. 어제의 권위는 어디로 갔는지 두 손을 모으고 살려달라고 애원을 하는 모습이 가련해 보였다.

나는 서장 아들 오하라를 찾았다. 공회당 입구에 가족들이 엉겨 붙어 있었다. 벌벌 떨고 있었다. 얼마나 위세를 떨고 선량한 사람들을 잡아 족쳤는가? 오하라는 봇짐에 머리를 박고 있었다. 불쌍했다. 갑자기 군중의 물결이 흩어지면서 소란했다.

"비키세요. 비키세요."

소리가 들리더니 물줄기가 갈라서듯 사람들이 양 갈래로 물러섰다. 빼곡한 사람들의 벽을 뚫고 광장 안으로 들어오는 무리가 있었다.

"비키시오. 비키시오."

앞장서서 당당히 들어오는 사람이 있었다. 낯익은 얼굴이었다. 이모부였다. 손에 낫을 들고 사람들을 헤집었다. 이모부가 개선장군 같았다. 그 뒤로 아버지를 젊은 청년들이 목말을 태우고 들어오고 있었다. 이모부는 호위대장을 하듯 아버지를 인도했다. 뒤를 따르던 사람들이 태극기를 흔들며 "조선 독립 만세!"를 외치거나 아버지의 이름을 연호하면서 광장을 빙빙 돌고 있었다. 아버지는 급히 만든 단상 위로 올라가 군중을 향해 연설했다.

"여러분 우리나라는 독립이 되었습니다. 그동안 고생 많이 하셨습니다. 이제 우리는

평화롭게 살 수 있습니다. 우리들의 원수 일본 놈들은 용서할 수가 없습니다."

아버지는 평생 처음으로 군중 앞에서 연설하는 것이다. 정말 말재주가 없었다. 일본 놈들은 용서할 수 없다는 말에 군중들은 환호성을 올렸다.

잠시 쉬었던 군중들은 다시 경찰서 서장 가족들 앞으로 다가가서 가족을 짓이겼다.

나는 오하라가 얻어맞는 것을 보니 왜 그런지 오하라가 불쌍하

고 안쓰러웠다.

정말 희한한 세상이구나 생각되었다.

일본 군수가 밤을 이용해 도망갔다는 소문이 났다. 일본 군수는 욕심이 넘쳤다. 돈이며 재물을 마차에 싣고 철산 반도 해안가 등곶 동에서 중선배를 구해 탈출을 시도하다가 뱃사람들에게 들켜 재물을 몽땅 빼앗기고 바다에 내 던져 저 파도에 밀려 떠내려 갔다고 한다. 세상이 급변하다 보니 정신들이 없었다. 북한지역은 시시각각으로 변화무쌍했다.

나는 두 형이 있다. 두 형은 모두 신의주 동중에 다녔다. 큰 형은 신의주 동중학교 졸업반이었다. 졸업을 벌써 해야 했는데 사고로 인해 낙제했다. 작은 형은 2학년이었다. 큰 형은 배포가 크고 한 주먹을 했다. 큰 형의 주변에는 주먹 쓰는 건달들이 많이 모였다. 방학 때 큰 형이 고향 집으로 오면 큰 형은 남루한 옷을 입고 왔다. 웬 거지인가 할 정도이다. 가난한 친구들에게 옷을 벗어주고 온다고 했다. 큰 형은 혁명가의 기질이 있었다. 당시엔 사회주의 사상이 팽배하던 시대라 지식인들이나 학생들은 1917년 러시아의 볼셰비키 혁명을 동경했다. 볼셰비키 혁명은 공산주의의 효시인데 평등을 우선으로 하는 이상주의였다. 그러나 공산주의는 평등에서 프롤레타리아 독재로 변질되어 멸망을 자처하게 되었다.

북한에 들어온 소련군과 김일성 공산당 집단은 시민을 억압하고 평등과 자유를 억압했다, 이런 상항에서 신의주 반공 학생 사건이 일어났다.

"공산당을 타도하자."

"소련군은 물러가라."

거리로 뛰쳐나온 학생들에게 소련군과 김일성 공산집단은 시위 학생들을 향해 무차별 사격으로 24명의 학생이 현장에서 피살되었고 350여 명이 중경상을 입었다. 그리고 1,000여 명의 학생이 체포 투옥되었다. 거세진 시위대에게 소련군은 T-34 탱크와 Yak-3 경비행기까지 동원 학생들을 사살했다. 공산당 소속 보안대는 주모자로 판단되는 학생 200여 명을 색출 소련군 비밀경찰에 넘겨 학생들 대부분은 처형되거나 시베리아로 끌려가 희생을 당했다. 무참히 총칼에 짓밟힌 학생들은 흩어져 도망치기 시작했다.

그러나 큰형의 행방이 묘연했다. 큰 형은 학생시위 맨 앞에서 진두지휘했다고 하는데 큰 형의 소식이 없었다. 죽은 자 명단에도 없었고 체포자 명단에도 없었다. 소련군 비밀경찰에게 붙잡혀 시베리아로 끌려간 것으로 추측되었다. 속이 상한 아버지는 큰형을 동학농민혁명 전투에 참여한 할아버지 닮았다고 했다. 일본군과 싸운 할아버지도 행방불명이 되어 결국 아버지는 할머니와 여동생이 고향을 떠난 것이다. 작은형은 약았다.

시위장에서 도망쳐 신의주를 벗어나 산으로 들어갔다. 곳곳에 검문소를 피해 산속에서 100여 리 길을 걸어 철산으로 내려왔다. 새벽에 집에 도착한 작은 형은 대문을 두드리다 그만 허기지어 지쳐 쓰러졌다. 새벽 희미하게 들려오는 소리에 어머니는 일어나 대문 밖으로 나갔다. 작은 형이 쓰러져 있었다. 작은 형이 돌아왔다는 사실을 숨겼다. 작은 형은 골방에서 숨어 지냈다. 혹시나 보안대원이 알고 붙잡아 가면 낭패이다. 어머니는 큰 형을 포기하지 않았다. 큰 형을 찾으러 신의주로 갔으나 허사였다.

신의주 학생 시위사건이 있은 뒤로 북한은 공포의 지역으로 변했다. 선량한 시민들은 북한을 떠나기 시작했다. 우리 가족이 1948년 북한을 탈출할 때까지 큰 형은 찾지 못했다. 그 후로 어머니는 신의주 학생 사건으로 행방불명이 된 큰 형의 사진을 성경책에 꽂아 놓고 짬짬이 보시고 또 보시며 눈물을 흘리셨다.

큰 형을 그리워하는 어머니의 모습이 안쓰러웠다. 어머니는 딸만 다섯의 맏딸로 시집을 와서 첫아들을 낳으셨다. 그 아들이 큰 형이다. 오로지 어머니는 큰 형을 자신의 생명으로 여기고 키우셨다.

영웅들의 귀환

해방을 맞아 고향으로 돌아오는 사람들이 점점 많아졌다. 고향을 떠난 사람들이 한 사람 한 사람 들어오기 시작했다. 영웅들의 귀환이었다.

북한에 아직 공산당 정권이 들어서지 않은 상태에서 고을은 갑자기 혼란스러워졌다.

이들은 자신이 독립운동을 한 독립투사라고 했다. 오랫동안 보이지 않던 사람들이다. 죽은 줄 알고 있던 사람들이다. 얼마나 반가운 얼굴들인가 가족들은 부여잡고 눈물을 흘렸다.

만주에서 독립운동을 했다는 사람도 있었다. 학병으로 끌려나가 일본 관동군에서 살아온 사람도 있었다. 일본군에서 탈출 독립군에 가담했다가 돌아온 사람도 있었다. 탄광에 끌려가 죽을 고비를 넘기고 살아온 사람도 있었다. 이들은 모두 의기양양 그들의 무용담을 늘어놓았다. 낯선 사람도 있었다. 농민의 자식이라며 공산당원이라고 했다. 중국 팔로군에서 일본군과 싸웠다고 했다. 러시아로 들어가 싸웠다고 했다. 이들 모두가 자칭 영웅이라 했다.

북한에서 먼저 기독교가 '사회 민주당'을 결성했다. 북한에 민주주의 정부를 수립하고자 했다. 기독교 정신에 바탕을 두고 사회개혁을 하기 위한 정강을 내세웠다. 그리고 전국적으로 교회를 중심으로 김일성 공산당이 제창하는 프롤레타리아 독재에 맞서는 지도부를 조직했다. 신의주 제1 교회 윤하영 담임목사. 제2 교회 한경직 목사가 중심이 되었다. 어머니가 다니는 철산 중앙교회도 참여했다. 그러나 소련의 뒷받침으로 김일성 일파가 세운 공산당 조직과는 맞서 싸워 이길 수가 없었다.

우리 고을 공회당 건물 벽에는 '우리 민족의 해방자 스탈린 대원수 만세!'라고 쓴 포스터와 초상화가 걸려있었다. 그 밑에는 이승만 대통령이 프란체스카 여사의 치마폭에 매달려 애걸하는 포스터가 걸려있었다.

북한은 급하게 변해갔다. 소련군이 우리 마을에 들어왔다. 일본군이 운영하던 '모나즈 광석'을 캐던 광산을 접수하기 위해서였다. 원래 우리 마을 철산은 철이 많이 나는 고장으로 조선실록에 기록되어있다. 비가 내리면 산에서 흘러내리는 토사가 거의 모나지 철광석이었다.

어느 날, 해외에서 돌아온 자칭 영웅이라는 몇 사람이 아버지를 찾아왔다. 아버지가 일본 경찰에게 끌려가 고문을 당했다는 말을 듣고 찾아온 것이다.

이들은 아버지가 진정한 독립투사요 영웅이라고 했다. 아버지를 찾아온 사람은 함경도 사투리를 쓰는 까까머리를 한 청년이었다. 진한 함경도 말을 썼다. 이자가 우리 마을 공산당을 좌지우지하는 것 같았다. 머리를 밀어버렸는지 머리가 반들거렸다. 그래서 까까머리라고 한 것 같았다. 이 친구는 목이 짧아 말을 할 때면 턱을 들어 올리고 말을 했다.

"동무의 영웅적인 독립투쟁을 우리 당은 찬양하는 바요." "어르신은 누구보다 일본 놈들에게 고난을 많이 받으셨죠."

까까머리가 아버지에게 하는 말을 이모부가 옆에서 한마디 거들었다.

"동무가 우리 마을의 인민위원장직을 맡아 줘야겠소."

"그렇지요. 어르신이 적격자이시죠."

언제부터 이모부가 공산당과 한 패거리가 되었는지 모른다.

"저는 자격도 없거니와 독립운동을 한 적이 없습니다." 아버지는 정중하게 거절을 했다.

"당을 배반하는 거요? 명령이요." 까까머리는 명령하고 나가버렸다.

"어르신 그러지 마시고 내일 인민위원실로 가서 위원장을 수락하십시오."

"지금 자네 무슨 말을 하는 겐가?"

아버지는 이모부에게 화를 냈다.

뒷날 이모부는 공산당을 이용 아버지가 운영하던 양조장을 가지려고 했다. 아버지는 이모부와 까까머리 공산당원과 무슨 흉계를 꾸미고 있는 듯한 이상한 예감이 들었다. 틀림없이 자신은 이들의 꼭두각시가 되어 이용을 당하는 것으로 생각되었다.

토지개혁

1946년 3월 5일, 해방 다음 해 북한 김일성 공산당은 토지개혁을 발표했다.

이른 아침부터 농민들이 떼 지어 논길을 걷고 있었다. 반대편 밭길에서도 걸어오는 농민들이 보였다. 여러 갈래 길에서 농민들이 몰려들어 신작로에서 합류했다. 이들은 모두 괭이를 메고 낫을 들고 있었다. 누군가가 앞에서 구호를 외치면 따라 했다.

"악질 반동 지주를 타도하자."

"악질 반동 지주를 타도하자."

농민들은 구호에 맞추어 농기구를 높이 휘 들었다. 농기구가 태양 빛을 받아 번쩍 빛을 발했다. 왜 이들은 낫이며 괭이를 들고나올까?

공산당이 토지개혁을 통해 반대파를 제압하는 수단으로 농민들을 활용하는 것이다. 토지개혁은 소작인들에게 매력적인 개혁이다. 토지를 가지고 싶어 했던 소작인들의 욕망을 충족시켜준다는 거짓 선동에 농민들은 좋아라, 공산당에 합류한 것이다.

토지개혁은 북한 공산당이 '무상 몰수 무상 분배'라는 구호를 내세워 농민들을 현혹했다. 지주들에게 빼앗은 토지를 농민들에게 무상 분배한다는 것이다. 농민들 대부분은 자기들이 농사를 짓던 지주의 땅을 가지기를 원했다.

어느 소작인은 자기가 부치던 땅을 엄두도 내지 말라고 하며 벌써 토지 쟁탈전이 시작되었다. 샛골의 황 노인은 죽을 날이 머지않았는데 손자에게 땅이나 한 필, 받아 줄 욕심에 땅 쟁탈전에 끼어들었다.

토지개혁 대상은 5정보 이상 토지를 소유한 지주들의 땅을 빼앗는 것이다. 집과 재산도 몰수한다. 정확히 따지면 토지개혁을 빌미로 당에서 농민들에게 토지 소유권이 아닌 경작권만 주는 것이다. 과거 지주들에게 4대 6제 비율로 소작료를 주고 땅을 부쳐 먹던 소작인들에게 대신 국가에 현물세를 내는 것이다. 국가가 지주요 농민들은 소작인이 되는 것이다. 그러다 6·25 후 북한은 농민들의 경작권을 박탈하고 국가가 집단농장 체제로 운영했다.

토지개혁 당시 김일성 공산당은 달리 계획이 있었다. 먼저 소작인들이 지주를 타도하는 것이다. 그동안 소작인들은 얼마나 착취를 당했는가를 자극하면서 농민을 대우하는 척하며 농민을 앞장세워 지주들을 압박했다. 앞장서는 행동 대장이 있어야 했다.

지주들에게 땅을 부쳐 먹던 소작인은 지주에게 대항하는 뱃심이 없었다. 까까머리 공산당원은 악역을 맡을 누군가를 찾았다.

이모부를 잡았다. 이모부는 우리 집 마름이었다. 까까머리는 이모부를 시켜 소작인들을 동원 아버지 타도를 획책했다.

"동무는 아직도 지주 놈들 밑에서 빌어먹던 노예근성이 남아있소."

"아닙니다. 지도원 동무 저는 투쟁할 준비가 다 되어있습니다."

"동무, 소작인들은 오랫동안 노예근성이 있어 자기들이 섬기던 지주에게 나서지 못하니 동무가 앞장서기요."

엊그제까지 아버지를 독립운동의 영웅이라며 인민위원장을 맡으라고 한 일은 옛일로 사라졌다. 이모부가 까까머리에 언약을 받은 모양이다. 먹이를 줘야 일을 하는 것이 인간의 심리라는 것을 까까머리는 잘 알고 있었다. 이모부는 철산 고을에 들어오기 전 광산 투전판에서 광산주에 붙어서 깡패 짓을 하며 뜯어먹고 살던 자로 알고 있었다. 사고를 치고 철산 고을로 들어와 우리 집 토지관리를 하다 아버지가 운영하는 양조장에서 일하게 되었다.

어쩌다 어머니의 눈에 들어, 막내 이모에게 장가를 들고 한집 식구가 되었다. 그러나 이모부는 애초부터 배신자요 양조장에 욕심이 있었다.

"동무, 나 양조장을 한번 운영하고 싶소."

"일만 잘하면 당이 허락할게요."

까까머리는 머리가 번뜩 돌았다. 양조장을 먹으려고 하는 놈이구나, 생각이 들었다.

이모부가 결심했는지 앞장섰다. 소작인을 몰고 우리 집으로 향했다. 배신의 시작이다.

"악질 반동 지주를 타도하자."

이모부가 선창을 했다. 소작인도 따라서 소리 질렀다.

"악질 반동 지주를 타도하자"

일시에 괭이와 낫이 하늘을 향해 번득이었다. 이제 이들은 폭도가 되었다. 소작인들은 우리 집으로 몰려오고 있었다. 우리 집은, 고을 중심부에 있었다. 나는 이들이 우리 집으로 오는 것을 보고 집으로 달려갔다.

"어머니 소작인들이 우리 집으로 와요."

나는 소리를 질렀다. 안방은 조용했다. 조금 후 인기척이 났다. 어머니는 체념한 듯 문을 열고 마루로 나왔다. 머리에 수건을 두르고 있었다. 대문이 부서지는 소리가 나더니 소작인이 우르르 몰려들었다. 앞마당에 소작인들로 꽉 찼다. 감히 전에는 소작인들이 집으로 들어오면 머리를 조아리고 처분만 바라던 자들이었다. 그런데 괭이며 낫을 들고 들어왔다. 까까머리 젊은이가 앞으로 한발 나섰다.

"반동 지주는 뭐 하는 거요. 빨리 나와 당의 결정서를 받으시오."

아버지가 초췌한 얼굴로 방문을 열고 나왔다. 소작인들이 '아!' 하고 탄하는 소리가 들렸다. 딱히 말하자면 소작인들은 아버지의 땅을 파먹고 산 사람들이다. 아버지는 이들에게 후하게 대접을 했었다. 이모부가 마름으로 있을 때 소작인들에게 너무 과하게 해서 문제가 있었다. 그런데 이제는 소작인 편을 드는 척하고 있었다. 세월이 많이 변했다. 까까머리 당원이 주머니에서 종이를 꺼내 들고 읽기 시작했다.

"농민대회 결의로 다음과 같은 결정서를 반동 지주에게 통고한다. 오늘부터 악질 반동 지주의 사유재산은 당의 결정에 따라 모두 몰수한다. 의의가 없습니까?"

"옳소."

'우!' 하는 소리와 함께 소작인이 들고 있던 곡괭이와 낫이 부딪치는 소리가 났다.

"이 집 토지 문서를 내놓으시오."

"여기 다 있습니다."

아버지는 각오한 듯 미리 서류를 몽땅 앞으로 내밀었다. 옆에서 이모부가 서류를 챙기며 한마디 했다.

"양조장 소류는 왜 없습니까?"

"양조장 사무실에 있다."

까까머리는 또 통지문을 주머니에서 꺼내 들고 낭독했다.

"악질 반동 지주의 집은 우리 인민위원회에서 접수한다."

까까머리는 통지문을 다 읽고 휙 집어던지고 나가버렸다.

동평양 선교리 고모 집

우리는 공산당에게 집을 빼앗겼다. 전 재산을 빼앗겼다. 공산당은 우리에게 평안북도 운산이란 벽촌으로 가서 살라고 명령했다. 일제강점기에 악질지주로 농민의 피를 빨아먹고 살았으니 벽촌에 가서 땅이나 파먹고 살라고 한다. 기가 막힐 노릇이다,

오늘 우리는 집을 떠나는 날이었다. 동네 사람들이 몰려들기 시작했다. 오래전부터 우리 집 대소사가 있으면 돕던 이웃 아줌마들이다. 이늘은 오늘 무슨 일이 벌어지나 관심이 가득했다. 무엇 하나 챙겨 갈 것이 없나 하고 기웃거리고 있었다.

째보 어머니가 광 옆에 있는 절구를 발로 툭 차 쓰러트렸다. 누가 보는가 싶어 힐끔 주위를 보더니 발로 절구를 굴려 대문까지 굴린다. 째보 어머니는 소리를 질러 남편을 부른다. 멋모르고 달려오는 남편에게 절구를 집으로 가져가라고 지시를 한다. 그 꼴을 보는 어머니는 속상하셨다. 떠나는 마당에 달라고 하면 주지

않을까 절구를 굴려서 도둑질해 가져가니 말이다. 세상이 변해도 한참 변하고 인심도 따라 변했다.

"침대는 칠성이네가 가져가세요."

칠성이네와는 담 하나 사이로 사는 사이다. 칠성이 아버지는 우리 집에 일이 있으면 와서 돕는 사이다. 칠성이 아버지가 우리 집 침대를 보고 한번 자고 싶다고 했다.

"아주머니, 이 침대에서 자면 붕붕 떠서 자는가요?"

침대가 흔치 않던 때라 침대를 신기해했다.

"유성기는 김 집사님 딸 선자에게 주세요."

유성기는 단둥 외삼촌이 보낸 선물이었다. 판을 올려놓고 돌리면 노랫소리가 나왔다. 유성기 노래를 들으려 교회 성가대 사람들이 많이 왔다. 김 집사 딸 선자가 노래를 잘 불렀다. 유성기에 관심이 많아 선자에게 주었다. 어머니는 아끼던 물건 하나하나 챙기며 줄 사람에게 주었다. 받는 이들은 어머니가 떠나는 아쉬움에 눈물을 흘리며 정표로 받았다. 어머니가 한평생 장마당에서 고생고생해서 음식 장사를 하면서 모은 재산이다. 이제 그 재산이 몽땅 날아갔다.

아버지는 어렵게 트럭을 마련했다. 양조장 트럭이다. 어제까지만 해도 아버지의 소유물이었다. 그런데 운전사가 차를 운전할 수 없다고 했다. 아버지를 도와주면 자기는 목이 잘린다고 했다. 어쩌면 이모부의 장난일지 모르는 일이다. 그런데 기특한 일이 벌어졌다. 자동차 조수가 운전하겠다고 나섰다. 운전을 잘 못 하는 친구다. 이 기회에 자동차를 한번 몰아보고 싶은 심정인지도 모를 일이다. 아버지는 걱정은 되지만 차근차근 조심스럽게 달리면 괜찮을 거라고 생각했다. 조수가 운전하는 것까지 당에서 막을 수가 없어 까까머리는 허락을 했다. 필요한 물건만을 챙겨 트럭에 실었다. 가지고 갈 물건도 별로 없었다. 아이들 혼례를 치르겠다고 사둔 비단이며 금붙이는 잘 챙겨 실었다. 생계를 위해 급하면 팔아먹을 수 있는 물건들이다. 금고는 문이 열려있었다. 가득히 들어있던 토지 문서는 당에 넘겼고 농민들에게 돈을 빌려준 차용증서들은 몽땅 불태워버렸다. 우리 집은 해방을 맞은 지 1년 반 만에 고향을 떠나는 것이다. 아버지가 12살에 이곳 철산 고을로 들어와 자리를 잡고 산 지도 40여 년 되었다. 숱한 이야기를 남겨 놓고 떠나는 어머니의 심정은 어떠했을까? 어머니는 재산을 잃어버리는 것에 관심이 없으시다. 신의주 반공 학생 사건으로 행방불명이 된 큰 형을 잊지 못했다. 큰 형은 어머니의 생명이나 다름이 없는 아들이다.

트럭에 짐을 다 실었다. 이제 떠날 시간이다. 언제 다시 돌아올까? 언제 다시 만날까? 마을 사람들이 몰려들었다. 그래도 정이란 어쩔 수 없나 보다. 떠나는 사람, 보내는 사람 누구를 원망할까?

“형님, 곧 돌아오세요. 가구는 잘 보관했다 오시면 돌려 들리겠습니다.”

“성님, 누가 뭘 가져갔는지 내래 다 알아요. 오시면 다 찾아 드릴거야요.”

한마디씩 하는 이웃들이 정다웠다.

"잘들 있게나. 좋은 세상이 오면 또 만나겠지."

어머니는 눈물을 참았다. 떠나면 곧 모두 잊어버릴 것이다. 인생이란 이렇게 만났다가 헤어지는 것이다. 이런 일이 있을 것을 예상하고 아버지는 얼마 전 평양 고모를 만나고 왔다.

"세상이 이렇게 변할 줄은 몰랐다."

"그래요. 오라버니 어떻게 하시기로 했어요?"

나이가 12살 아래인 고모는 아버지가 키운 거나 다름이 없는 여동생이다. 할아버지가 동학 농민 우금치 전투에 참여할 때 유복자로 태어난 동생이다.

아버지는 고모가 불쌍했다. 할아버지를 못 보고 태어난 고모다. 그래도 참한 사람을 만나 시집을 갔지만, 그 집 살림이 너무 어려웠다. 할머니는 고모가 안쓰러워 아버지를 재촉했다. 동생을 좀 도와주라고, 그렇지 않아도 아버지는 고모를 무척 도와주었다. 아버지의 양조장에서 생산되는 물건을 평양에 올려보내 술 주점을 차려 주었다. 그 사업이 잘되어 근처 여관을 사서 여관업을 하고 있었다. 일본 강점기 때부터 시작해서 해방돼서도 여관업은 계속하고 있었다.

"그래, 어떻게 하면 좋겠니? 벽촌으로 가라고 하는데."

"어떻게 거기서 살아요. 오라버니 일단 평양으로 오세요."

아버지는 감격스러웠다. 배신을 죽 먹듯 하는 세상에 피붙이밖에 없다고 생각되었다.

트럭이 마을을 떠났다. 아버지와 작은형은 트럭을 타고 나는 어머니와 누나와 같이 기차로 떠나기로 하고 우리는 차령관역으로 갔다. 나는 두 번째 기차를 타는 것이다. 첫 번째 기차는 단둥을 갈 때 탄 기차였다. 즐거운 여행이었다. 이번이 두 번째 기차는 지옥을 탈출하는 느낌이다.

우리는 차령관역으로 나가 평양행 기차표를 끊었다. 기차는 평양을 향해 남쪽으로 달렸다. 평양역은 붐볐다. 시골 역하고는 달랐다. 종이에 쓴 고모 여관 주소를 보니 동평양 비행장 방향으로 대동교를 넘어 얼마 멀지 않은 곳이다. 선교리 길가에 2층 건물 7개가 나란히 서 있었다. 그중 동선 여관이 있었다. 바로 고모네 여관이었다.

고모가 선교리의 인민반장이 문제 인물이라고 했다. 공산당은 인민을 통제하기 위해 마을 주민을 모아놓고 생활총화를 해오고 있었다. 인민반장의 위세가 대단했다. 고모의 말로는 인민반장이 60이 넘은 늙은 여우라는 것이다. 동네 각호를 방문하면서 가정에서 일어나는 일들이며 주민들의 동향을 파악해서 분 초소에 보고한다는 것이다. 우리 식구가 가면 인민반장의 눈에 벗어나지 못할 거라고 걱정을 했다.

“일본 세월 때 오라버니가 보내준 술을 늙은이에게 많이 먹였지요. 오라버니가 양조장 사장이라는 걸 그 늙은이도 잘 알지요.”

“그때는 술이 큰 힘이 됐지만, 지금은 별 힘이 없지 않니?”

“내래 잘 구슬리넌 벨 탈이 없을 겁니다.”

“너만 믿는다.”

이제는 동생의 말을 들어야 할 때다. 늙은 여우는 일본 강점기 때부터 고모와 잘 아는 사이라고 했다. 해방이 되다 보니 늙은 여우는 어느새 공산당에 아부해서 인민반장이 되었다. 적당히 뇌물을 주면 잘 넘어갈 늙은이다. 걱정하지 말고 평양으로 오라고 했다.

우리는 저녁에 도착했다. 아버지와 작은 형이 타고 온 트럭은 밤늦게 도착했다.

식구가 모이니 마음을 졸이던 어머니의 얼굴에 미소가 피었다. 동리 사람들의 눈에 뜨이지 않게 도착한 것이 다행이었다. 짐을 부렸다. 여관이라 방은 많았다.

평양의 아침이 왔다. 어제 평양의 첫날밤은 꿈만 같았다.

아래층에서 떠드는 소리가 들려왔다. 아버지와 작은 형은 웅크리고 자고 있었다. 트럭을 타고 몇백 리를 달려왔으니 피로가 쌓였나 보다. 나는 아래층으로 내려갔다. 인민반장 할머니가 와 있었다. 할머니와 눈이 마주쳤다. 나는 깜짝 놀랐다.

"너 왔구나." 할머니가 아는 체했다.

"안녕하세요." 나는 인사를 꾸벅했다.

"인민학교에 다녀야지."

"네." 하고 대답했다.

인민반장 할머니에게 잘하라고 고모가 이야기해서 나는 긴장했다. 어머니도 할머니에게 잘하신다. 어머니가 귀중한 물건 하나를 선물했다. 그런 효과일까, 나는 할머니의 주선으로 선교리 인민학교 3학년에, 그리고 누나는 중학교에 입학했다. 내가 깜짝 놀란 것은 할머니가 나의 입학서류에 조카라고 써주었다. 집에 와서 고모에게 할머니 이야기를 했다.

"내가 저 늙은이에게 얼마나 정성을 들였는지 아니?"

작은 형은 신의주 학생 사건으로 신분을 밝힐 수 없어 병을 앓고 있다고 했다. 세상은 무서웠고 모든 사람이 우리를 감시하는 것 같았다.

평양에서 인민학교

북한의 인민학교는 군대와 같은 조직이다. 인민학교 2학년이 끝나면 소년단 입단 심사를 거쳐 소년단에 입단한다. 일 년에 세 번 한다. 김일성 생일인 4월 15일, 김정일 생일인 2월 16일, 그리고 조선 소년단 창립기념일 6월 6일이다. 소년단 입단과 동시에 붉은 넥타이를 매고 '무조직 군중' 신분에서 벗어나 '조직인 군중'이라는 자부심을 느낀다고 했다. 입단을 못 하는 아이들은 왕따를 당하는 신세가 되어 비굴하게 학교생활을 하게 된다. 나는 당연히 소년단에 들지 못했다. 북한에서 나의 신분으로는 당연한 처사이다. 항상 뒷전에서 바보가 되어있었다. 그러니 평양에서 인민학교 생활은 악몽이었다.

북한의 교육제도는 4월부터 시작된다. 인민학교를 졸업하고 중학교에 들어가면 김일성 사회주의 청년동맹원으로 가입 맹원 증을 받는다. 그리고 성적순에 따라 노동당에 입당하게 되는데 노동당 입당 후에는 출셋길이 열린다.

북한 사회의 통제기관 중 하부 말단 단위는 인민반이다. 이 조직 생활은 동네 20여 가구로 구성되어있다. 이렇듯 북한의 공산당은 조직에서 살고 조직에서 죽는 것이다.

인민학교 교육은 소위 백두혈통 김일성 우상화 작업에서 미 제국주의를 타도하는데 주안점을 두고 있다. 남조선의 인민들은 미국의 노예나 다름없으니 남조선을 해방시켜 굶주린 남조선 인민을 배불리 먹여 살려야 한다고 세뇌 교육을 하였다. 순진한 아이들은 남조선의 아이들이 얼마나 배가 고플까 우는 아이들도 있었다. 나도 학교에서 그런 말을 믿었다.

국어 교과서를 보면 "꼬마 탱크"란 글이 나온다.

꼬마 탱크 나간다.
우리 탱크 나간다.
미국 놈 쳐부수며
꼬마 탱크 나간다.

꼬마 탱크는 김일성이다. 김일성이 미국을 때려 부순다는 것이다. 산수 교과서에는 미군을 양코배기로 이상하게 그려놓고 '인민군 용사가 양코배기 몇 명을 총칼로 찔러 죽이면 몇 명이 남는가?'라는 교육이다. 아침 학교에 가려면 소년단 반장이 아이들을 장소에 집합시켜 놓고 줄을 서서 구령에 맞추어 '김일성 장군'의 노래를 부르며 학교에 간다. 북한의 역사 날조는 가관이다.

1919년 3월 1일 조선 독립 만세 사건은 김일성이가 7살 때 앞장서서 지휘했다고 기록되어있다. 어린 김일성이 고향 하동 칠곡에서 태극기를 들고 앞장서서 평양으로 향하니 수천 군중이 뒤를 따라 3·1 독립운동을 성공시켰다고 적혀 있다.

김일성이 일본 군대와 싸우는데 '솔방울'로 수류탄을 만들어 일본군에게 던져 몰살시켰다는 이야기, 김일성이 일본군에 포위되어 도망치다 강물이 막히자 가랑잎을 모아 물에 띄워 가랑잎 배를 타고 강을 건넜다는 이야기, 모래알로 쌀을 만들어 인민군에게 밥을 해 먹였다는 이야기, 축지법을 써 동에 번쩍 서에 번쩍했다는 이야기, 어처구니없는 황당무계한 역사 날조를 했다.

중학교에 다니는 누나는 학교생활이 즐거웠다. 노래와 춤을 잘 추어서 반에서 뽑혔다.

춤과 노래를 하는 아이들은 노동자 집단, 군부대를 방문하여 위문 공연을 하러 다녔다. 당시 평양에는 월북한 최승희라는 유명한 무용수가 있었다. 누나는 학교 무용과 학생들과 최승희 무용연구소에 가서 춤을 배웠다며 자랑을 했다. 공연하고 나면 수고했다고 학생들에게 사탕과 과자를 주었는데 누나는 먹지 않고 가지고 와 나에게 주곤 했다. 나는 누나가 공연을 갔다 오면 으레 사탕과 과자를 기다렸다.

평양에서 내가 가장 즐거웠던 시간은 누나와 같이 대동강에 나가 수영을 하고 물장구치며 노는 것이었다. 해질녘 노을은 하늘을 아름답게 수놓고 있었다. 강물은 소리 없이 흘렀다. 대동강 뚝

옆 가장자리에는 무성한 갈대숲이 우거져 있었다. 산들바람이 갈대를 흐느끼게 했다. 앞서가던 누나가 섰다. 갈대 위에 잠자고 있는 잠자리를 살짝 잡았다.

"잡았다." 잠자리가 누나의 손가락 사이에서 꼼지락거렸다.

"누나 그 잠자리 나 줘."

나는 파닥거리는 잠자리 날개를 잡고 있다가 훨훨 날려버렸다. 잠자리는 하늘 높이 솟아올라 날아갔다. 나도 잠자리처럼 훨훨 날고 싶었다.

한여름, 나는 누나와 대동강에서의 사건을 잊을 수 없다. 그날도 우리는 대동강에 나가 멱을 감았다. 우리는 옷을 벗어 갈대 위에 올려놓았다. 바람이 살랑살랑 불기 시작했다. 갈대가 흐느적거렸다. 갈대 위에 걸쳐 놓은 옷이 슬그머니 갈대 위에서 흘러내려 강물로 들어가 떠내려갔다. 누나와 나는 한참 물장구치며 놀다 강둑으로 올라와 옷을 찾았다. 옷이 없었다. 누가 옷을 숨겼나 두리번거리며 찾았으나 아무도 없었다. 누나와 나는 팬티 차림의 벌거숭이였다. 나는 사내이니 그렇다 치고 누나는 여자다. 여자가 벌거숭이로 집에 갈 수 없었다. 우리는 어두워지기를 기다렸다. 몹시 지루했다. 컴컴한 밤을 타고 집에 숨어 들어갔다. 걱정과 애타게 기다리던 어머니가 우리들의 몰골을 보시고 대로하여 부지깽이로 누나를 호되게 후려쳤다.

"다 큰 년이 발가벗고 다녀."어머니의 소리 지르시는 얼굴이 떠오른다. 누나는 울고 있었고, 나는 곁눈질하며 실실 웃고 있었다.

대동강 뱃길 따라 남으로

대동강에 봄바람이 솔솔 불어왔다. 평양 선교리 고모의 여관 생활도 별 탈 없이 두 해를 보냈다. 항상 불안했다. 작은 형이 학교를 못 다니고 우리는 희망이 없었다.

어느 날, 선교리 고모 여관에 낯모를 사람이 투숙했다. 얼굴에 수염이 꽉 차 있었다. 털보 아저씨이다. 아버지와 친히 아는 사람 같았다. 털보 아저씨가 하는 일이란 아버지와 대동강 강가를 산책하는 일이었다. 산책을 다녀와서는 방에서 무슨 이야기인지 수군거리며 말이 많았다. 나는 궁금했다. 아버지와 털보 아저씨가 산책하러 나간 틈을 타서 나는 방에 들어갔다. 방안은 지저분하게 물건을 늘어놓았는데 한쪽에 신문지 크기의 종이가 있었다. 나는 종이를 펼쳐보았다. 대동강 지도를 그렸는데 빨간 연필로 강줄기를 따라 서해까지 선이 그어져 있었다. 비밀지도 같았다. 이게 뭘까? 나는 궁금했지만, 알 수 없었다. 그리고 다음 날, 아버지와 털보 아저씨는 여관을 떠났다.

대동강은 관서지방의 수도 평양을 가로지르고 흐른다. 장장 1,300여 km의 길이다. 한반도에서 5번째로 긴 강이다. 강가에는 희비가 많이 쌓여있는 역사의 잔재가 있는 강이기도 하다. 강 주변에 고색창연한 아름다운 명승지와 유적들이 즐비하다. 모란꽃을 닮았다고 해서 '모란봉', 그 건너편에 길게 뻗은 '능라도'가 있다. 동편에는 '청류벽'이라는 천하 절경이 보인다. 대동강 주변에 평양성, 을밀대, 칠성문, 청류정, 부벽루, 연관정 등 자연의 경치와 조화를 이루는 유적들이 많이 남아 있다.

털보 아저씨가 떠난 후 한 달여 지났다. 저녁에 웬 사람들이 여관으로 꾸역꾸역 몰려 들어왔다. 여관을 운영하는 고모이지만 고모가 보기에도 이상한 사람같이 보였다. 혹시라도 인민반장인 늙은 여우가 알면, 어쩌나 걱정이었다.

"오라버니 웬 사람들이에요?""며칠 묵고 가는 것으로 알아라."

아버지가 그렇게 말하니 고모도 어쩔 수 없었다. 무슨 일이 벌어질 것만 같았다.

나는 아무것도 모르고 있었다 어머니는 모두 알고 있는 것 같은데 말을 하지 않으셨다.

어느 날 아침, 아버지는 누나더러 오늘 학교에 가지 말고 집에 있으라고 했다. 나를 부르더니 본 평양에 나가 냉면이나 먹자고 하셨다. 나는 신이 났다. 본 평양에 나가 냉면을 맛있게 먹을 생각을 하니 기분이 좋았다. 내가 마지막으로 먹은 평양냉면이다.

아버지는 평양의 명승지를 이리저리 나를 데리고 다니면서 시간을 보냈다. 아버지가 왜 이러시는지 나는 짜증이 났다. 석양이 강 밑으로 들어가 숨을 즈음에 아버지는 나를 강가 선착장으로 데리고 갔다. 대동강에 유유히 떠다니던 나룻배가 우리 앞에 와 닿았다. 아버지는 나더러 나룻배에 타라고 하셨다. 나는 얼떨결에 나룻배에 올랐다. 그리고 나를 태운 나룻배는 대동강 중심으로 들어가 버렸다, 멀리 선착장에서 아버지가 손을 흔드시고 있는 것이 보였다. 나는 겁이 벌컥 났다. 나룻배는 계속 대동강 하류로 내려갔다. 어둠이 깔리기 시작했다. 하늘엔 그믐달이 떠올랐다. 강물은 검은색으로 변했다. 나룻배가 어느 정도 가더니 방향을 바꾸어 갈대숲으로 들어갔다. 갈대숲에는 사람들이 웅성거렸다. 그곳에 아버지의 얼굴이 보였다. 그 옆에 어머니도 서 있었다.

"애들은 왜 안 왔어?"

아버지가 어머니에게 화를 내며 말했다. 작은형과 누나가 보이질 않았다.

"학교에 춤추러 갔다가 안 왔어요."

한숨 섞인 어머니의 대답이었다.

"그래서 내래 학교에 가지 말라고 하지 않았어."

아버지가 역정을 내셨다.

"반 아이들이 와서 안 가겠다고 하는 애를 끌고 갔지요."

시간 되어도 오지 않는 누나를 찾으러 작은형이 비행장에 갔다고 했다. 작은형도 함흥차사였다. 아버지는 낙담하시는 표정이었다. 그때 누군가가 아버지에게 다가와 귓속말을 하는 것 같았다.

탈출 비밀이 탄로가 난 것이다. 여관의 동태를 이상히 여긴 늙은 여우가 보안서에 신고한 것이다. 보안요원이 여관에 왔을 때 여관에는 아무도 없어 다행이었다.

"당신은 일단 막내와 배를 타요."

아버지는 나와 어머니에게 배를 타라고 하고 어둠 속으로 사라졌다. 우리가 탄 나룻배는 강심으로 들어갔다. 강가에는 고기잡이 중선이 서 있었다. 줄사다리로 사람과 짐을 끌어올렸다. 배에 오르니 털보 아저씨가 서 있었다. 반가웠다. 그때 비로써 나는 아버지와 털보 아저씨가 탈출계획을 한 것을 알았다. 오늘 아버지가 나를 데리고 본 평양에 나가 냉면을 먹자고 한 것도 말썽꾸러기인 나를 먼저 배에 태워 놓고 일을 시작하려고 한 심사였는데 누나가 사고를 친 것이 낭패였다. 그러나 문제는 아버지와 어머니에게 더 있었다. 아무리 비밀을 지킨다 해도 어느 정도는 우리한테 귀띔해야 했었다. 아버지는 나름대로 철저하게 준비를 했다. 탈출 날짜를 1948년 4월 조기잡이 철을 택했다. 조기잡이 배들이 서해 연평도로 몰려들어 조기잡이를 한창 할 때 어로작업을 하는 척하나 남으로 기수를 돌리는 계획이었다. 결국, 아버지와 작은형, 누나는 배를 타지 못하고 헤어지게 되었다.

대동강 물은 예나 지금이나 유유히 흐른다. 우리 배는 강물 따라 흘러내려갔다. 털보 아저씨가 선장이었다. 배 위에 앉아 있는 우리에게 고기를 잡아넣는 칸으로 들어가라고 했다. 경비선이 오면 갑판 위에는 어부들만이 있어야 한다. 어부들은 그물을 손질하는 척하며 경비정을 속여야 한다. 만일 수상하다고 경비원이 배에 오르면 낭패다.

앞에 불빛이 나타났다. 경비선의 통통거리는 소리다. 우리는 고기 칸에 숨어있었다.

“뭐 하는 배요?”“고기잡이 떠나는 배요.”

“많이 잡으시오.”

경비선은 배 위의 그물을 만지고 있는 어부를 보고 지나갔다. 털보 선장은 한고비 넘기듯 담배를 꺼내 물었다.

고기잡이를 떠나려면 두루 섬에 있는 인민군 해양경비대에 들어가 배의 상태를 점검받고 통과 증을 받아야 한다. 그래야 경비정의 검문을 받아도 증을 보이면 무사하다. 점검을 받으려면 배에 민간이 타고 있으면 안 된다. 민간인을 내려놓고 점검을 받으러 가야 한다. 어쩔 수 없이 우리는 근처 쑥섬에 들어가 하루를 보내야 했다. 갈대숲에 숨어있자니 날 파리들이 몰려들었다. 모기떼가 달라붙었다. 밤이 깊어서 배가 돌아왔다. 무사히 조사를 끝내고 통과 증을 받았다. 이제 밤사이 배가 대동강을 빠져나가야 한다. 돛을 올렸다. 미풍에 배가 서서히 움직이며 서해로 향했다. 멀리 송림항의 불빛이 선명했다. 너무 많은 고기 배들이 깔려있어 해군 경비정이 많은 배를 점검할 수가 없었다. 지나가며 손을 흔들거나 “빵”하고 경적 음을 낸다. 진남포 항만 무사히 지나면 서해 바다다.

조기의 산란기는 4월과 6월 사이로 조기 떼가 연평도 근해에 몰려든다. 왕성한 조기는 우리 고향인 평안도 철산 앞바다에 올라와 산란한다. 여기서 잡히는 조기는 임금님 수라상에 올린다고 한다. 어머니는 뱃멀미로 누워있었다. 어머니의 얼굴이 말도 아니다. 물도 못 마시고 입이 타올랐다. 바다로 들어서면 고기 칸에서 나오라고 했다.

어느 정도 바다로 나왔는지 선장이 갑판 위로 나와 일광욕을 하라고 했다. 우리는 환호성을 울렸다.

털보 선장은 소형 전파기를 작동하며 일기예보를 듣는 것 같았다. 털보 선장은 하늘을 보면서 태풍이 몰려온다고 말했다. 오랜 바다 생활에 태풍을 한두 번 겪는 일이 아니다. 그런데 시간이 갈수록 하늘이 요동치고 있었다. 이럴 때 인간은 하늘의 뜻대로 산다고 한다. 인간은 약한 존재이기 때문이다. 우리는 고기 통속에 들어가 배가 요동치는 대로 이리저리 벽에 부딪혔다. 배가 출렁일 때마다 빈속의 위액이 "웩웩"거리며 토해냈다. 배가 바람에 심하게 흔들리더니 갑자기 요동치는 소리가 들렸다.

"우 지 직!"

뱃머리에서 돛대가 부러져 나가는 소리다. 돛대가 부러진다는 것은 배의 기능을 상실하는 것이다. 마치 사람에게 팔다리가 잘리는 경우나 다름없다. 우리 배는 방향을 잃고 자포자기에 빠졌다. 털보 선장은 하늘을 바라보고 있었다. 하늘만이 인간의 생사를 판가름한다고 믿기 때문이다. 어머니는 기도를 드렸다. 하나님에게 매달리는 수밖에 없었다. 어머니의 기도에 하나님을 모르는 뱃사람들도 머리 숙여 따라 기도를 드렸다. 폭우와 바람에 시달린 배는 파괴되어 떠내려가고 있었다.

언제 죽을지 모른다. 어디로 가는지 모르는 일이다. 긴 하룻밤을 넘겼다. 파도는 여전히 춤을 추고 비바람을 뿌리고 있었다. 그런데 눈을 비비고 바라보니 멀리에 희뿌연 물체가 나타났다. 물안개 같기도 하고, 섬 같기도 하고 무슨 일인가 모든 사람이 놀랐다. 한참 있으니 갈매기 울음소리가 들렸다.

"웨이하이시 입니다."

털보 선장이 소리를 질렀다. 바로 중국 산둥성 끝자락인 '웨이하이시'이다. 옛날의 신라방이다. 신라인들이 드나들던 곳이라 했다. 고기 칸에 있던 사람들이 모두 갑판 위로 나와 환호성을 질렀다. 이제는 살았다. 얼마 후 배가 육지 한 모서리에 닿았다. 어디서 힘이 솟는지 사람들이 배에서 뛰어내려 물속으로 들어갔다. 육지로 올라갔다. 모두 백사장에 누어 하늘을 바라보았다. 이상했다. 중국 땅인데 관리가 없었다. 난파선이 들어왔으면 관리가 나와야 하는데 마을은 비어 있는 느낌이었다. 문제가 곧 풀렸다. 당시 중국은 국민당의 장계석과 공산당의 모택동 간에 내전으로 싸움이 한참이었다. 국민당의 장계석이 밀리고 있으니 자연 행정은 공백이었다. 그러나 구경 나온 주민들의 도움을 받고 물과 먹을 것을 받았다. 배 수리도 잘 이루어졌다. 돛대가 바로 세워졌다. 기적이었다. 하늘의 도움이었다. 순풍에 돛을 달았다. 배는 남으로 향했다.

해방과 동시에 한반도는 북위 38도 선을 기점으로 남북으로 갈라섰다. 육지로 38도선 접경이 개성이고 바다와 접해있는 섬이 백령도이다. 우리 배가 38선을 넘을 때 모두 갑판 위로 나와 만세를 불렀다. 이제 배는 남쪽 자유 대한 영해로 넘어가는 것이다. 털보 아저씨 남광수 선장이 나를 불렀다.

"막내 이리 와 봐라."

털보 선장은 갑판 위에서 소용돌이치는 바다 물결을 유심히 들여다보고 있었다. 나는 털보 선장 곁에 앉아 시선을 물결에 맞추었다. 물결이 급하게 휘돌아 치고 있었다.

"잘 봐라. 여기가 심청이가 빠져 죽은 인당수다."

나는 심청전은 알아도 인당수를 잘 몰랐다, 인당수는 백령도와 장산곶 사이에 있는 바다다. 세종실록에 의하면 황해도 장연의 장산곶은 바다 쪽으로 4.5식(50km)이나 돌출해 있어 수로가 험난하다고 기록되어있다. 장산곶 근처는 뱃길이 험하여 평안도 배들이 이곳을 지날 때면 언제나 배가 파손된다고 했다. 이러한 배경에서 심청전의 이야기가 전해 내려왔다. 털보 선장의 심청전 이야기가 끝나자 우리 배는 인당수를 무사히 넘어 인천항으로 향했다. 이때가 1948년 내가 10살 때였다.

제2의 고향 인천

우리 배는 대동강을 떠난 지 보름 만에 인천항에 들어왔다. 인천항의 관문인 소월미도의 등대가 반짝였다. 월미도가 보였다. 꿈에 그리던 자유대한민국으로 온 것이다. 실감이 나지 않았다. 힘들고 역겹던 일들, 사선을 넘은 일들은 삽시간에 사라졌다.

해안경찰대 경비정이 다가와 인도되어 우리 배는 해안 경찰 건물 안으로 들어갔다. 먼저 D.D.T. 약을 온몸에 뿌렸다. 밀가루를 뒤집어쓴 것 같았다. 긴 항해가 끝나는 시간이었다. 간단한 조사를 받으며 밤을 지새우고 아침을 맞았다. 어떻게 알았는지 사촌 형이 먼저 달려왔다. 사촌 형은 동인천 경찰서 형사로 근무하고 있었다. 정보가 빨랐다. 인천 부두에 나와 있던 아버지와 작은형, 누나를 만났다. 매일 인천 부둣가로 나와 우리가 오기를 기다렸다고 했다. 감격의 만남이었다. 어머니는 다리가 마비되어 걷지 못하고 자리에 앉아서 울음을 터뜨렸다. 얼마 후 우리 식구는 사촌 형 댁으로 떠났다.

이제 대한민국으로 왔으니 새롭게 삶을 시작해야 했다. 해방과 동시에 월남한 사촌 형의 도움이 컸다. 얼마나 다행인지 모른다. 과거는 다 버리고 월남 피난민으로 다시 시작해야 했다. 아버지는 장사에는 밝으시다. 바쁘게 여기저기 다니면서 정보를 입수했다. 북한에서 가지고 온 금은붙이를 팔아 장사밑천으로 삼았다. 중앙시장 입구 배다리 뚝 앞에 공터가 있었다. 그 앞에 파출소가 있었다.

시장 입구라 사람들의 왕래가 잦은 곳이다. 경찰서 형사인 사촌 형에게 부탁해서 공터를 차지했다. 노점장사를 하기로 했다. 고무신 장사를 하기로 했다. 아버지가 어떻게 알았는지 고무신 공장에서 파(破)로 나오는 고무신을 가마니때기로 싼값으로 사서 고무신을 사서 물로 씻고 짝을 맞추어 멀쩡한 상품으로 만들어 제값을 받고 팔았다. 거의 검은 고무신이었다. 흰 고무신은 귀했다. 어쩌다 가마니에 흰 고무신이 들어있으면 횡재를 한 기분이었다.

인천 주변 시골 농사꾼들이 손님이었는데 그들은 돈보다 쌀, 조, 보리, 닭, 등 농산물을 가지고 나와 고무신과 바꿔 가는 물물교환의 상거래였다. 장사가 잘되었다.

고무신 가게가 자리를 잡아가다 보니 욕심이 생겼다. 공터에 무허가 판자 가게를 짓기로 했다. 사촌 형의 도움으로 별문제 없이 금식한 가세를 지있다. 고무신 진열대도 만들고 상점으로 규격을 갖추었다. 아버지는 옛날 어머니와 시장바닥에서 냉면 장사하던 때를 생각하며 씁쓸한 미소를 짓곤 하셨다. 나는 고무신 가게에 나가 고무신 장사를 도왔다. 우리 온 식구가 장사를 시작했다. 그러나 나는 호기심이 많은 아이라 가게 앞 파출소에서 일어나는 사건에 관심이 많았다. 파출소는 항상 소란했다. 무슨 죄를 지었는지 손에 수갑 차고 끌려가 고문을 당하는가 보다. 고문하는 소리가 밖에까지 들렸다.

어느 날이었다. 파출소에 난리가 났다.

파출소 안이 허술한 틈을 타 죄수가 창망을 뚫고 도망을 쳤다. 뒤늦게 순경이 죄수를 쫓았으나 죽어라 도망치는 죄수를 잡을 수가 없었다. 순경은 총을 쏘며 추격했으나 허사였다. 도망친 죄수는 도둑이 아니라 남로당 프락치라고 했다. 남로당원이 여기저기에서 날뛰었다. 나는 가끔 사촌 형의 심부름으로 파출소를 드나들곤 했다. 그때면 나는 신이 났다. 궁금한 파출소 안의 풍경을 보게 되니 말이다. 그런데 놀라운 광경을 보았다. 국민학교 나의 친구 누나가 잡혀 온 것이다. 누나는 아주 예쁘고 얌전한 인천여중 학생이었다. 나는 놀라 입이 딱 벌어지고 말았다. 누나는 나를 보더니 본체만체했다. 형사가 누나의 책가방을 뒤집어 속의 물건을 쏟아냈다. 가방 속에서 종이 뭉치가 나왔다. 형사가 종이를 누나의 얼굴에 대고 큰소리를 질렀다.

“이거 어디서 났어?”“몰라요. 학교에서 나오는데 누가 책가방에 넣어 주었어요.”삐라였다. 나중에 안 일이지만 친구 누나는 인천여중 남로당 여학생 동맹 말단 세포였다. 인천은 유독 지방 빨갱이들이 많았다. 명문인 인천중학교, 인천여중 선생들이 남로당원들이 많았다고 했다. 당시 나는 민주주의나 공산주의가 무엇인지 몰랐다. 12살짜리가 이데올로기를 알 턱이 없었다.

호사다마라고 했던가 고무신 장사한 지 1년이 되었을까, 우리 고무신 가게에 도둑 손님이 오셨다 갔다. 아버지와 나는 아침을 먹고 가게로 나갔다. 가게 문을 열고 안으로 들어서자 이상한 냄새가 났다. 그리고 가게 안은 난장판이 되어있었다. 진열대의 고무신이 하나도 없다. 도둑이 들었다. 이상한 냄새는 도둑이 가게 한복판에 똥을 싸놓고 간 것이다. 똥을 싸놓고 가면 도둑이 잡히지 않는다는 미신이 있다.

아버지는 넋이 나간 듯 멀거니 서 있었다. 어렵게 일궈놓은 장사를 하루아침에 망쳐놓았다. 사람들이 몰려들었다. 앞이 파출소라 순경들이 오고 소식을 들은 사촌 형이 달려왔다. 아버지가 무슨 생각을 했는지 나를 불렀다. 그리고 나에게 지시를 했다.

"저기 저놈!"

아버지는 사람들 틈새에 서 있는 허름한 자를 지적했다.

"저놈을 끝까지 따라다니며 어디 사나 알아봐라."

아버지는 나에게 범인으로 짐작하는 자를 추적하라고 하신다. 나는 아버지가 답답하다고 생각했다. 뭘 보고 도둑이라고 단정을 하시는지 이해가 가지 않았다.

아버지는 범죄 심리학자는 아니지만 범죄 심리학에 범인은 자기가 저지른 범행 장소에 꼭 한번 나타난다는 말이 있다고 했다. 나중에 안 사실이지만 아버지는 도둑이 신은 신발을 보고 우리 가게 고무신이라고 생각해서 저놈이 도둑이라고 판정을 했다는 것이다. 나는 아버지 명령에 충실했다. 예상 도둑의 뒤를 따랐다. 예상 도둑은 거지꼴을 하고 꾸부정했다. 손을 헐렁 바지 주머니에 넣고 이리저리 어슬렁거리며 다녔다. 용동 싸리재 고개를 올라가고 있었다. 나는 뒤를 따랐다. 스릴러 영화 장면 같았다. 혹시나 도둑이 나를 알면 어쩌나 걱정이 되었다. 신흥동 방향으로 가더니 해광사(解光寺) 안으로 들어가 기웃거리다 나온다. 나는 멀리서 그의 행동을 주시했다. 다시 배다리로 내려와 중앙시장 노점 음식점으로 들어가 의자에 앉았다. 순대국밥을 시켜 먹었다. 몇 시간을 미행하다 보니 나도 배가 몹시 고팠다. 나는 먹을 수 없었다. 돈이 없었다. 그런데 예상 도둑이 이상했다. 나를 의식했는지 행동이 빨라졌다. 식사 후 돈을 지급하고 사람들이 많은 시장 안으로 쑥 들어갔다. 나는 급히 뒤를 따랐다. 눈 깜짝할 사이 없어졌다. 바람과 함께 사라졌다. 아버지의 화난 얼굴이 떠올랐다.

나는 그놈이 도둑이 아니길 바랐다. 나는 배가 몹시 고파 집으로 와서 밥을 먹었다. 아버지가 도둑 사건을 잊어버리길 바랐다. 저녁에 아버지가 집에 들어오셔서 나에게 물었다.

"그놈 집을 알았니?"

"아니요."

나는 기죽은 소리로 대답했다. 아버지를 쳐다보니 별로 반응이 없으셨다. 체념하신 것 같았다.

도둑을 맞은 후 가게를 수리하고 공장에서 파(破) 고무신을 보내주어 다시 가게를 정상으로 돌려놓았다. 파출소 앞이라 도둑이 얼씬도 못 하리라 믿었는데 등잔 밑이 어두웠다. 가게를 지키기 위해서 나는 아버지와 같이 가게에 나가 잠을 잤다. 나는 호롱불 밑에서 공부를 하고 아버지는 하루 매상 장부를 정리하셨다.

도둑을 맞고 일주일도 못 되어서 놀라운 사실이 일어났다. 도둑이 잡혔다고 연락이 왔다. 아버지는 급히 파출소로 나갔다. 나도 따라나섰다. 파출소에 들어가니 도둑이 무릎을 꿇고 앉아 있었다. 나는 도둑 가까이 다가가 얼굴을 들여다보았다. 그놈이었다. 내가 쫓던 그놈이었다. 나는 가슴이 벌렁벌렁 뛰었다. 그러나 아버지는 그때의 일을 잊으셨는지 아무 말씀이 없으셨다. 고무신 물건은 이미 없어진 후다. 그날 내가 도둑놈의 집을 알았다면 고무신을 찾을 수 있었을 것인데 아쉬웠다. 도둑은 감옥으로 갔다고 했다.

그날, 6·25

어머니는 서울 종로구 혜화동 이모님 집에서 백여리 길을 걸어 인천 집으로 내려오셨다. 하루만 늦어도 어머니는 불귀객이 되었으리라.

1950년 6월 28일 새벽 2시 30분 한강 인도교와 철교가 폭파되어 철수하던 경찰과 군인들, 그리고 시민들의 목숨을 앗아간 사건이 발생한 것이다.

서울에선 전쟁이 났다고 시민들이 야단법석이었다. 서울 근교에서 은은하게 포 소리가 들려왔다. 1950년 6월 25일 새벽 4시를 기해 북한은 T-34 소련 탱크를 몰고 38선을 넘어 남침을 감행했다. 민족의 비극이 시작되는 날이다.

어머니는 죽어도 가족과 같이 죽겠다고 보따리를 머리에 이고 인천 집으로 오셨다. 집에 들어오시자 기진해서 마루에 쓰러지셨다. 얼굴엔 땀과 흙먼지가 엉겨 붙어 분장한 배우 얼굴 같았다

“뭐 하러 내려와 서울에 가만있디.”

아버지는 어머니의 몰골을 보시고 화를 버럭 내셨다.

“무슨 말을 그렇게 해요. 서울은 인민군이 쳐들어온다고 야단 난리가 났는데 죽어도 같이 죽자고 온 사람에게 무슨 말을 그렇게 해요.”

어머니는 힘없이 중얼거렸지만, 악에 받쳐있었다. 어머니는 죽어도 같이 죽자는 말은 우리 가족에게는 의미가 담겨있는 말이다. 우리 가족은 수없이 많은 죽음의 고비를 넘기며 살아왔다. 인천으로 월남한 지 2년이 지나 자리 잡고 살만하더니 6·25가 발발 이제는 북한의 공산당들에게 우리 가족은 반동분자로 몰려 죽임을 당할지도 모르는 상황에서 어머니의 죽어도 가족과 같이 죽겠다는 기막힌 심정을 이해할 수 있으리라.

아직 인민군대가 인천에 들어오지 않았다. 모든 병력은 낙동강 전선으로 갔다고 했다.

나는 12살 초등학교 5학년이었다. 학교에서 학교에 나오라는 통지문이 왔다. 북한 교육을 하고 있었다. 멀쩡하던 선생님들이 남로당의 빨갱이들이었다. 그런데 나보다 북한 공산당 교육을 잘 모르고 있었다. 나는 평양에서 인민학교 3학년 4학년을 공부한 경험이 있다. 노래도 김일성 장군의 노래를 알고 있다. 나는 이런 교육이 지겨웠다. 나는 학교에 나갈 필요를 못 느꼈다. 학교에 가지 않았다.

7월 초였다. 아버지와 나는 삶과 죽음의 갈림길에 있었다. 아버지와 나는 도둑을 맞은 이래 가게에서 잠을 자고 있었다. 새벽이었다. 멀리서 굴렁쇠 소리가 희미하게 들려왔다. 소리가 점점 가까이 들려왔다. 지축을 울리는 굴렁쇠 소리가 마귀할멈의 웃음소리 같았다. 인민군 6사단 T-34 전차가 인천으로 들어오고 있었다. 늦은 방문이다. 귀를 찢어대는 굴렁쇠 소리가 바로 가게 앞에서 끝이 났다.

전차가 배다리 앞 네 갈래 길에서 방향을 찾느라고 선 것이다. 아버지와 나는 가게 문틈으로 밖을 내다보았다. 괴물 공룡이 눈앞에 서 있었다. 전차의 포신을 좌우로 돌리더니 갑자기 엔진 소리가 요란하게 울렸다. 전차가 앞으로 돌진했다. 파출소를 들이받았다. 파출소가 부서지는 파열음의 소리가 천지를 진동시켰다. 벽돌로 단단하게 건축한 파출소가 구멍이 뻥 뚫렸다. 전차가 파출소 안으로 쑥 들어가 버렸다.

그런데 전차가 후진이 잘 안 되는지 요란한 굉음이 나왔다. 그런데 갑자기 엔진 소리가 '뻥'하고 터지더니 괴물이 뒤로 빠져나와 그만 전차가 우리 가게를 덮쳤다. 순간이었다. 아버지와 나는 전차에 깔려 죽는 줄만 알았다. 정신없이 바닥에 납작 엎드렸다. 전차 포신은 우리 가게 지붕을 뚫고 하늘을 향해 우뚝 솟아 있었다. 굴렁쇠는 바로 나와 아버지 코앞에서 멈췄다. 손 한 뼘 정도의 거리였다. 나와 아버지는 이제 죽는구나, 하고 서로 꼭 껴안고 있었다. 그런데 전차가 눈앞에서 움직임이 없었다. 기적이었다. 잠시 후 전차 뚜껑이 열리더니 인민군 전차병이 나와 전차 위에 실린 벽돌을 발로 밀어 내렸다.

"동무, 국방부 쌍 간나 새끼들은 한 놈도 없구먼."

전차 안에 있는 동료에게 이야기하는 것 같았다. 평안도 말씨였다.

다시 엔진이 걸렸다. 전차가 움직이었다. 우리 가게가 우지직 부서지는 소리가 나더니 전차가 빠져나갔다. 전차는 동인천역으로 가는 것 같았다. 전차의 굴렁쇠 소리가 점점 멀어져 갔다. 고요가 깃들었다. 아버지는 정신을 잃은 듯 돌부처 모양 꼼짝 않고 엎드려 있었다. 나는 아버지를 불렀다. 그제야 아버지는 정신이 드시는지 나의 손을 꼭 잡으셨다. 뚫어진 가게 천장 틈으로 하늘이 보였다. 희끄무레하게 하늘이 밝아왔다.

"빨리 가자."

아버지가 가게 밖으로 나오며 재촉했다. 우리 가게가 부서지고 파출소가 박살 났다.

아버지와 나는 집을 향해 달렸다. 집 대문을 부서지라 두들겼다. 어머니가 놀라며 문을 열어주셨다. 아버지와 나는 마루에 누워 숨을 헐떡거리며 숨을 몰아쉬었다. 밤사이 생사의 고비를 넘긴 것이다. 인민군 T-34 전차는 어디로 사라졌는지 아무도 모르고 있었다. 유엔군, 인천 침공 시 방어용으로 월미도 기지에 숨겨 놓았다고 했다.

전차 T-34 인민군 전차로 박살 난 가게를 다시 보수하고 우리는 장사를 시작했다. 전쟁이 한창인데도 중앙시장은 여전히 붐볐다. 농촌에서 농사꾼들이 곡식을 가지고 와서 고무신과 바꿔갔다. 한창 바쁘게 장사를 하고 있는데 가게 앞에 인민군 지프 한 대가 나타났다. 인민군 장교가 내렸다. 가게 안으로 들어왔다. 아버지와 나는 사색이 되었다. 또 무슨 일이 일어날 것만 같았다. 인민군 장교는 유심히 고무신을 보고만 있었다.

"거 참 곱다." 인민군 장교는 고무신을 찬찬히 바라보며 혼자 중얼거렸다.

"무슨 고무신을 고르십니까?"

아버지는 겁도 없이 인민군에게 다가가 평안도 사투리로 말을 붙이는 것이다.

"아! 네, 고향 오마니 고무신을 고릅니다."

"당교님 고향은 어드메 입니까?"

"선천입니다. 노인장은 어드메요?"

"나는 털산(철산)이 외다. 선천이면 우리 고향 옆 동리 아닙니까?"

"아! 털산 내래 잘 알디요. 내래 털산 모나지 광산에 간 일이 있디요."

아버지와 인민군 장교는 죽이 맞았다. 아버지는 사람을 사귀고 친교 하는 데는 누구 하나 따라갈 사람이 없었다.

"그럼 이거."

아버지는 진열대에 놓인 흰 여자 고무신을 건넸다.

"맞아요. 이겁니다. 참 곱다."

손으로 고무신 크기를 재보더니 장교는 흡족해했다.

"우리 고향 아우님을 만났는데 고무신을 선물로 드리겠습니다."

아버지는 인민군 장교에게 아우라고 하면서 선물을 한다며 흰 고무신을 신문지에 싸서 건넸다.

"고마워서 어떻게 하디요."

인민군 장교의 입가엔 미소가 흘렀다. 인민군 장교는 진정으로 고마워했다.

"노인장 부탁이 있으면 신포동 인민군 본부로 나를 찾아 오라요." 하고 떠났다.

7월 초, 어머니가 서울에서 내려오신 지도 여러 날이 지났다.

당시 전황은 전 국토가 인민군의 점령하에 있었지만, 대구와 부산만을 점령하지 못하고 있어 인민군 주력부대는 낙동강으로 몰리고 있었다.

어느 날, 놀라운 사건이 벌어졌다. 우리 집에 학교 친구의 누나가 찾아왔다. 6·25 전 삐라 사건으로 파출소에 잡혀가 취조를 받으며 발악을 하던 그 누나이다. 누나는 입에 거품을 물고 소리를 박박 지르며 "악질 반동 사촌 형을 당장 잡아 오라."라고 했다. 사촌 형은 이미 인천을 떠나 피신을 한 지 오래다. 친구 누나는 6·25 덕에 교도소에서 풀려나 민족해방의 승리자가 되어 영웅 칭호를 받고 반동분자를 색출하러 다닌다고 했다. 그러나 인천 상륙 후 그 누나는 행방이 묘연했다. 죽었거나 북으로 갔으리라.

8월로 들어서면서 공산당원들은 바삐 움직이고 있었다. 공산당원들은 마구잡이로 시민들을 붙잡아 노력 동원에 끌고 니갔다. 인천 앞바다 월미도와 소월미도에 진지구축공사에 동원했다.

낙동강 전투에 병력이 부족한지 공산당원들은 골목마다 지켜

서서 지나가는 젊은 사람들을 붙잡아 의용군으로 보내고 있었다.

어느 날, 집에 숨어 지내던 작은형이 가슴이 답답하다면서 괴로워했다. 병원에 가야 하는데 붙잡힐 것 같아 교회 장로인 닥터 김 집으로 가기로 하고 늦은 저녁 밖으로 나갔다. 그런데 그만 골목을 돌아 나가는데 숨어있던 공산당원에게 붙잡히고 말았다.

"동무 갑시다."

공산당원은 희색이 만연해서 작은형을 끌고 가려고 했다. 작은형은 사색이 되었다. 붙들려 가면 죽음이다. 어머니가 한발 앞에 나섰다.

"동무들 수고 많습니다. 이 아이는 지금 폐병에 걸려 얼마 못 살아요."

"폐병이요?"

"네 폐병이요,"

공산당원은 폐병이라는 말에 좀 껄끄러운지 한 발 뒤로 물러 섰다.

"빨리 가 보라요."

공산당원들은 낯을 찡그리며 가라고 했다. 어머니와 작은형은 집으로 돌아왔다.

그 후로 작은형은 집 밖으로 나가지 않았다.

아버지는 나이 때문에 의용군은 면제되었으나 월미도 진지 공사에 끌려다녔다. 매일 같이 노력 동원에 나오라고 하니 힘이 들었다. 노력 동원에 빠지면 반동분자란 협박에 아버지는 괴로움을 당했다. 고무신을 선물로 준 인민군 장교 생각이 났다. 신포동 인민군 부대를 찾아갔다. 다행히 장교가 아버지를 반갑게 맞아주었다. 사정 이야기를 하니 곧 해결해준다고 하며 그 자리에서 노력동원 면제 증을 만들어 주었다. 흰 고무신의 위력이 대단했다.

그날부터 아버지는 우리 집 뒤 철둑 밑을 파기 시작했다. 언제 무슨 일이 일어날지 알 수 없는 상황에 대비책으로 방공호를 파는 것이다. 철로 둑 깊숙이 파 들어갔다. 그리고 철로에 아무렇게나 방치된 기차 바퀴를 굴려서 가지고 와 방공호 입구를 막았다. 철벽 방공호였다.

9월로 접어들면서 가을의 한기가 스며들었다.

아버지는 나를 데리고 만국공원으로 갔다. 몇 년 전 평양에 나가 냉면을 먹자고 한 일이 생각났다. 무슨 일인가? 아버지는 공원 정상에 올라 인천 앞바다를 내려다보고 있었다. 미군 함정들이 인천 앞바다에 깔려 있었다. 그렇게 많은 함정을 나는 여태 기억이 없다. 바다에 전운이 돌았다. 만국공원에 다녀온 후로 아버지는 느끼시는 바가 있는지 고무신 가게 문을 닫고 철로 둑 방공호를 더 깊이 파기 시작했다.

아! 그날이여

1950년 9월 15일. 연합군의 인천 상륙 작전이 시작되는 날이다. 주위에서 맥아더 장군의 인천 상륙 작전은 불가능하다고 했다. 인천의 앞바다는 간만의 차가 심해 배를 댈 수가 없어 작전이 어렵다고 했다. 그러나 맥아더 장군은 밀어붙였다. 낙동강에 몰려 있는 인민군의 허리를 잘라 숨통을 조이는 맥아더 장군의 작전은 세계 전사에 길이 남을 쾌거였다.

해가 질 무렵 폭격이 시작되었다. 연합군 비행대는 월미도 제방에 설치해 놓은 인민군 전차를 일격에 폭파해 버렸다. 초기엔 인천항에 매설한 인민군 포대에서 응사가 있었으나 곧 무용지물이 되었다. 곧이어 함포 사격이 시작되자 노력 동원으로 구축한 진지는 모두 파괴되었다. 깊은 밤에도 빗발치는 함포 사격은 계속되었다. 인천시 전 지역을 융단 폭격하고 있었다. 포탄은 1m 간격으로 차근차근 시내에 떨어져 나갔다. 지옥이었다. 인민군의 피해보다 민간인의 피해가 더 걱정이었다. 우리 식구는 방공호에 들어가 이불을 쓰고 있었다. 함포가 점점 우리가 있는 동인천역 근처까지 떨어지기 시작하더니 우리가 들어있는 방공호 근처까지 포탄이 떨어지고 있었다. 폭탄 파편이 "푸드덕푸드덕" 풍뎅이 소리를 내면서 날아다녔다.

방공호 입구에 막아 놓은 기차 쇠 바퀴에 파편이 부딪치는 소리가 "쨍쨍" 하고 울려 퍼졌다. 기차 바퀴를 방공호 앞에 막아 놓지 않았더라면 방공호 속으로 폭탄 파편이 수없이 쏟아져 들어왔을 것이다. 전쟁 경험도 없는 아버지의 현명한 처사였다.

우리는 방공호 속에서 이불을 쓰고 하나님에게 기도를 드렸다. 찬송가도 불렀다. 이렇게 포탄이 난무하는 가운데 방공호 앞에 이상한 물체가 서성거렸다. 포탄 터지는 소리가 나는 순간 "사람 살려 주세요." 하며 물체는 우리 방공호 안으로 기어 들어왔다. 인민군이었다. 인민군은 장총을 들고 있었다. 우리 식구는 긴장했다. 아마도 월미도에서 탈출하여 철로를 타고 서울로 북상하는 패잔병 같았다. 그러나 어머니는 침착했다. 인민군의 손을 잡아 이불 속으로 끌어드렸다. 우리 식구와 함께 이불 속에서 호흡을 같이했다. 곧 우리는 한 식구가 되었다.

어머니는 인민군의 손을 꼭 잡고 기도를 했다.

"전지전능하신 하느님 아버지 지금 이 자리에 하나님의 귀한 자식이 들어왔습니다. 이 불쌍한 자식을 돌보아 주시고 하나님과 함께해 주시길 바랍니다. 지금은 어려운 처지에 있습니다. 고난의 길을 걷고 있습니다. 고난의 길 속에서 가고자 하는 목적지까지 동행하여 주시기 바랍니다. 예수님 이름으로 기도를 드립니다. 아멘."

어머니의 간절한 기도였다. 기도하는 중에 인민군은 울고 있었다. 목이 메어 말을 못 하고 "꺽 꺽"거리며 울고 있었다.

"오마니, 오마니."

하고 인민군은 어머니를 두 번 부르고 또 울었다. 첫 번째 부른 오마니는 아마도 고향의 어머니이고, 두 번째 부른 오마니는 나의 어머니 같았다.

"고향이 어디요?"

어머니가 물었다.

"평안남도 진남포 이야요."

"지금 몇 살인고?"

아버지가 물었다.

"열일곱 이야요."

"열일곱이면 어린 나이인데 어떻게 인민군이 됐어?"

"우리는 졸업과 동시에 모두 입대를 했시오.""고향에 식구는 몇이나 되나?"

어머니가 또 물었다.

"오마니와 여동생입니다."

어머니는 이 아이가 자식처럼 느껴졌다.

"이제 어떻게 하려나?"

아버지가 물었다.

"올라가야 디요."

"그래 고향으로 가거라."

어머니가 한마디 했다.

"고맙습니다. 오마니, 아바디는 생명의 은인입니다."

인민군은 나를 쳐다보며 한마디 한다.

"너 이름 뭐가?"

"나요? 김일홍 이야요. 형 이름은 뭐야?"

"나, 김만복이다."

"우리 같은 김 씨네."

"일홍아 나 부탁이 있다."

"뭔데?

"나 배고파 죽겠다. 뭐 좀 먹을 거 없니?"

얼마나 굶었으면 만복 형이 불쌍했다. 나는 방공호에서 나와 집으로 달려갔다. 부엌에서 먹을 것을 찾았다. 찬장 문을 여니 쥐가 튀어나와 도망쳤다. 쥐도 먹을 것이 없었나 보다. 냄비가 부뚜막에 놓여있었다. 뚜껑을 여니 쉰 냄새가 코를 찔렀다. 며칠 전 어머니가 쑨 호박죽이었다. 먹을 것이란 이것밖에 없었다. 이거라도 들고 가자 기다리던 만복은 내가 가지고 온 냄비를 덥석 잡고 호박죽을 퍼먹기 시작했다. 쉰 냄새도 아랑곳하지 않고 맛있게 먹어치웠다. 나는 미안했다. 혹시나 배탈이 나면 어쩔까.

그러나 만복은 다 먹고 나서 만족한 얼굴이다.

"일홍아! 내 평생 은혜를 잊지 않으마. 우리 좋은 세월 오면 꼭 만나자."

"그래 형."

함포 사격이 점점 사그라지기 시작했다.

“이제 떠나거라.”

“떠나야지요.”

나는 만복이 형과 잠깐 만남에서 이별을 한다는 것이 못내 아쉬웠다. 오랫동안 같이 살아온 형제 같았다. 만복형도 그랬으리라.

“가겠습니다.” 만복은 장총을 들고 일어났다. “조심해서 가거라.”

어머니가 만복 형의 손을 잡고 놓지 않았다.

“오마니.”

만복은 또 어머니를 불렀다. 이번 부름은 나의 어머니가 친어머니처럼 느껴져 부르는 소리 같았다. 만복은 훌쩍거리며 방공호를 나와 인사를 하고 떠났다. 우리는 허탈한 마음이었다. 만복은 어둠 속으로 사라졌다.

새벽, 동이 트면서 하늘이 맑았다. 파란 하늘이 높게 솟았다.

어젯밤, 함포 사격이 빗발치는 가운데서 우리 식구는 살아남았다. 어머니의 간절한 기도를 하느님이 응답해주신 거라고 믿었다.

“빨리 짐을 싸고 피난 가자.”

어머니가 재촉하셨다. 다시는 방공호에 들어가지 않겠다고 하셨다. 지옥이었다.

우리 식구는 짐 보따리를 하나씩 들고 밖으로 나와 수봉산 절 방향으로 걸었다. 그런데 송도 쪽에서 군부대 행렬이 인천으로 들어오고 있었다.

“어느 쪽 군대야?”

어머니가 물었다.

"미군인데요."

작은 형이 대답했다.

"그러면 다시 돌아가야겠네."

어머니는 오랜만에 미소를 지으셨다.

김사빈

* 2004년 문예 창조 8월호에 동시로 등단 (박화목 선생님 추천)
* 1975년 주부 백일장 "시" 입상 (한국)
* 2001년 제 32회 한민족 통일 문예제전 일반부
  외교부 통상부 장관 상 동화 (순이와 매워새)
* 동시와 동화 나라 동시로 등단 2002년 (이진호 선생님 추천)
* 광야 문예 공모 시로 입상 (2003년) 한국산문 2010년 등단
* 현 하와이 문인협회 고문
* 시집 "내안에 자리 잡은 사랑 " (씨알 소리사)외7권
* 동화집 "하늘로 간 동수 " (씨알 소리사)외6권
* 수필집 "행복은 별건가요 "(엣세이 출판사)외6권
* 동시집 " 순이와 매워 새의 노래" (문학 세상)외2권

문명이 좋은 것만은 아니다. 산과 들로 다니면서 자연과 친해지면 사색하고 무엇이 될까 고민하고 아파하고 그런 경험을 다 겪고 우리는 자랐다. 추석에 송편을 생각하면 지금도 유두날에 논두렁에 가서 송편을 뽑아다 먹는 그 맛을 생각하여 본다. 가난 한 시절에 신기루 같이 희망을 주던 꿈이 가슴속에 남아 있어 각박하여 가는데 끄집어내어 볼 수 있는 그리움이 있어 행복하다.

내 이름 朴二六代

정읍군 무장면 대소리란 곳에 아버지가 처음으로 선생으로 부임하였다. 일본서 중앙대학 법과, 영문과를 수료하고 한국에 나와서 사법 고시를 보았지만, 합격을 못 하고 행정 고시로 합격하고 선생으로 처음 직업을 가지고 부임하신 곳이다.

무장면에서 교장 선생님이 일본인인데 내 이름을 지어 줘서 내 이름은 "박이육대"다, 이름 때문에 아이들 놀림을 많이 당하고 있었다, 나는 (육)자는 빼고 "박이대"라는 이름으로 부르고 대학까지 이 이름으로 사용하였다. 혼인 신고를 하려고 호적 등본을 떼어 보니 朴二六代이다. 왜 내 이름이 넉 자냐고 아버지에게 항의하였다. 아버지가 일본 교장이 이름을 지어주었는데 일본 소화 2600년 기념으로 二六代로 지어주었다고 설명하였다. 나와 일본 소화 2600하고 무슨 상관인지 모른다. 이름 바꾸어 달라고 하기도 하였다. 그 이름이 미운 오리 새끼 같아 미국 이민 와서 시민권

취득할 때에 천주교서 받은 '사비나', 김사비나로 바꾸었다.

그러다가 문인협회 회장이 "사비나 이름이 너무 길어요. 김사빈으로 하세요." 해서 고운 이름을 가지게 되어 사용한다. 나는 내 이름을 사랑한다.

이곳 무장면에서 내가 태어나고 5살까지 살다가 무주군 분교 기곡 동네에 아버지가 초등학교 분교장으로 부임을 했다. 아버지가 분교장으로 있으면서 학교 바로 앞에 있는 사택에서 살았다.

어머니 말씀을 인용하면 아버지는 숙맥이고 또 선비라고 하기도 한다. 개도 안 물어가는 양반이라고 말씀하셨다.

2009년에 정읍 무장면에 가서 아버지 다니시던 학교를 가보았더니, 정문은 절 문으로 절 안으로 들어가야 학교가 나왔다. 문화답사로 인도하신 분이 서강대학교 홍승기 역사학 교수님이시었다. 왜 절 안에 학교가 있나요? 물어보니 교수님이 하시는 말이 일본 정책은 우리나라 문화 말살을 시키기 위하여 학교를 문화 말살 정책으로 절 안에 두게 했다는 것이다. 나중에 언니에게 무장면에 학교터를 가보았더니 절 문으로 들어가더라 하니, "맞아 절로 들어갔어."라고 말했다. 언니가 이곳에 3학년까지 다니었다고 한다.

시골 학교는 대개 학교에 속한 밭이 붙어있다. 봄부터 여름내 아이들과 농사를 지어서 우리 집에는 하나도 가져오지 않고 학교 창고에 넣고 학교에서 삶아서 점심으로 주었다. 고구마를 많이 심어 몇 가마를 창고에 넣어 놓고 한 개도 안 가져오니 어머니가 불평을 자주 하였는데, 어느 날 어머니가 집에서 보니 그 창고 문이 열려 있는 걸 보아서 이때라 하고 창고에 들어가서 고구마를 가져오려고 바구니에 담아 돌아서는데, 아버지가 아이들 가르치다 보니 여편네가 창고에 들어가는 것을 보시고 쫓아 나와서 창고 문을 자물쇠를 잠갔다. 언니가 3학년이라서 학교서 일어난 일을 바로 알고 울고불고 동네 사람들 보고 우리 엄마 창고에 갇혔다고 울고 다니니 동네 사람이 창고 열쇠를 주어서 언니가 창고 문을 열어서 어머니가 고구마를 담지도 않고 내 던지고 나왔다. 어머니는 얼마나 푸짐하게 우시는지, "저 숙맥이 그거 하나 가져오면 안 되나?" 하고 퍼대고 우시었다.

어머니, 아버지는 가셨지만 우리는 모이면 말하며 웃는다.

무주구천동으로 이사를 할 때는 말 달구지에 이삿짐 신고 동생과 나는 타고 가고, 아버지와 어머니는 한 살 된 동생을 업고 걸어서 이사했다.

아침나절에 달구지 타고 갔는데 저녁나절에 구천동을 도착했다. 오죽하면 무주구천동이라고 시골 이름의 롤이 된 것처럼 정말 시골이다. 가끔가다가 도락구나 다니지, 아버지도 무주 모임에 가려면 밥에 소금물 발라서 점심 들고 걸어가는 곳이다. 4시간을 걸어가야 하는 흉악한 산골이다. 일곱 살에 이사했다. 바로 1학년에 들어갔다.

동네에서 오리정도 떨이진 곳에 학교가 있고 그 옆에 사택이 있었다. 우리 집은 언제나 사택에 살아서 동네와 항상 멀리 떨어진 외딴집에 살았다.

유두 날 송편 뽑아먹기

어제는 추석이라고 하는데 이렇게 이국에서 몇십 년을 살다 보니 추석이 있었나 하고 넘어가게 된다. 올해는 나이가 나이라서인지 서운하고 허전하여 메릴랜드에 사는 아들에게 전화하니 "어머니, 추석 같은 거 우리는 몰라요." 한다.

뉴저지에 사는 작은아들에게 추석이라고 하니 뭐 그런 걸 가지고 그러느냐 식이고, 다시 뉴욕에 사는 딸한테 전화하니 그게 무언지도 모르는 것을 '추석은 추수감사절 같은 것'이라고 설명하자니 초라하고 구차하여진다. 소중하고 아름다운 것을 괜히 보여서 그 진가가 퇴색하여진 것 같았다. 어느새 이렇게 멀리 와서 있나, 너무 멀리 와 있어 좁혀지지 않은 강 앞에 서 있나 싶다. 한국에서 추석이면 내 집에서 송편을 안 만들더라도 이웃집에서 만들어서 돌리기 때문에 훈훈하다. 추석은 공유하는 푸짐한 인심이 아니던가.

내가 살던 곳은, 전라북도 무주군 무풍이란 동네에 살았다. 전라도는 남쪽에 있어서 보리를 논에 심어 먹고 난 다음 벼를 심기에 수확이 조금 늦은 감이 있다. 이 고장에서는 풍년을 비는 모습이 다른 동네와는 다르다. 유두날에는 논두렁에 송편을 꽂아 놓아 풍년을 기원하였다.

우리 집에서 조금 떨어진 곳으로 가면 농가가 한눈에 들어오고, 퍼렇게 물결을 이루는 벼 이삭이 싱싱하니 싱그럽다. 벼 이삭 사이로 아직 여물지 않은 벌레들이 파랗게 옷을 입고 폴짝 뛰어 벼 이삭 사이로 줄타기를 하기도 하고, 후드득 날아가는 놈도 있고, 황급히 놀라 뛰어 저쪽으로 건너뛰는 놈도 있어 재미있다. 그래서 나는 일부러 손을 휘저어 벼 이삭을 건드리고 지나간다. 논둑은 논과 논 사이에 한 자 정도로 둑을 만들어, 논 사이사이 경계를 말한다. 논두렁길을 봄에는 일찍 나온 나물들이 푸릇푸릇하고, 여름에는 퍼런 울창한 숲을 만들고. 겨울에는 하얀 눈 속에 작은 뫼를 만든다.

겨울날은 다 베어 버린 논에 벼 뿌리만 남아 있는 사이로 얼음이 살짝 얼어 그걸 밟으면 사각사각하는 소리가 듣기에 좋다. 겨울철의 논두렁에는 늦게까지 푸릇푸릇한 것도 있는가 하면, 노랗게 잎이 말라 있어 노란 금잔디를 이룬다.

아이들이 조금 쌀쌀한 겨울 날씨에 논두렁에 모여 앉아 불을 지른다. 그 노란 잔디는 어찌나 잘 타는지 불은 삽시간에 번지고 우리는 그 불을 쬐면 따스함이 사랑방 같다. 어른들에게 혼이 나지만 어른들은 겨울에 논두렁을 태우는 것을 그렇게 야단 안 친다. 논두렁은 불에 타서 까맣게 끄시러 지면 다음 해에 그 자리가 더욱 풀들이 잘 자란다고 하여 어른들도 불을 놓아서 태우기도 한다.

겨울 논두렁을 걸으면 황야 같은 넓은 들판에 벼 뿌리들이 옹기종기 모여서 오순도순 겨울 이야기를 나누고 있다. 논두렁을 걸어가면 많은 소리가 들려주는 이야기가 있다. 세상 꿈도 많이 꾸게 한다.

봄철은 어떤가, 겨울에 그을린 논두렁에는 제일 먼저 각가지 풀들이 올라온다. 거름이 되어 더 잘 자란다. 그 논둑길은 유두가 될 무렵이면 벼 이삭으로 물결을 이룬다. 논두렁을 걸어가면 퍼런 강물에 징검다리를 걸어가는 기분이다. 양쪽에 퍼런 물이 넘실거리고 물결은 햇살을 받아 빤짝거리고 물 빛살에 무지개 일어난다. 그 징검다리를 걸어가면 구름 위를 걸어가는 기분이다. 땅을 밟고 가는 것이 아니라 하늘 자락을 걷는 기분이다.

여름철 논두렁을 걸어가면 산속에 오솔길을 걸어가는 기분이다. 벼 이삭은 양쪽으로 빽빽이 늘어선 나무 사이 같고 나무들은 정글 같아, 우거진 수풀 속을 걸어간다는 착각을 하게 된다. 내가 그 수풀 속에 주인이 된다. 나는 넉넉한 가슴이 되어 수풀과 바람과 구름과 하나가 되어 이야기 주고받는다. 무슨 말을 그렇게 하였는지 모르지만 그렇게 키워온 말들이 어른 되어서는 아름다운 삶의 밑거름이 된 것이다.

논두렁을 걸으면 내가 벼 이삭 속에 폭 파묻혀 작아지고 커다랗게 큰 벼 이삭만 높다란 벽을 이루고 있다. 벼 수풀 속 논두렁을 걸어가면, 저 멀리서 퍼런 여름이 쩔겅쩔겅 걸어오는 것을 본다.

내가 무풍에서 살 적에 놀이라는 것은 산과 들이다. 하루가 무료하여 갈 데가 없으면, 동생을 데리고 그 논두렁으로 달려간다. 동생은 논 벼 이삭 속에 있는 거머리를 보고 악을 쓰지만, 나는 조그만 메뚜기가 있나, 벼 이삭을 눈으로 훑어 나가게 된다. 특히 유두날에는 신나는 날이다. 풍년을 비는 송편을 꼽아 놓아 그 송편을 뽑아 먹는 일이다.

우리 집은 추석이나 설에나 떡을 하지 않고 그냥 넘어간다. 우리 집에서는 고향에서 제사를 지낸다고 아버지만 갔다 오시고, 우리는 다른 집에 만드는 떡 냄새만 맡게 된다. 떡 광주리를 이고 가는 아주머니들을 보면 얼마나 부럽던지, 왜 아버지는 둘째로 태어나서 제사를 못 드리니 불만이 많았다. 차례를 지내면 할 수 없이 음식과 떡을 장만한다지만, 가난한 살림에 그냥 넘어가게 되고 그러면 굉장히 섭섭하다.

그러니 유두날 논두렁에 꽂아 놓은 송편을 기다리는 것은 당연하다 누가 가르쳐 주어서 알아낸 것이 아니라 심심하여 논두렁에 놀러 갔다가 송편을 보고 알게 되었다. 멀리서 지켜보고 있다가 논 주인이 송편을 다 꽂아 놓고 가면, 동생과 나는 뒤따라가서 먼저 빼먹고, 가지고 간 그릇에 담아서 집으로 온다.

집으로 오는 그 즐거움 그 맛은 아무도 모른다. 천하를 얻은 것 같은 행복이 온다. 그 행복 지금도 잊지 못한다. 지금도 그런 풍습이 있는지 모르지만, 내 어릴 적 유두날에 집에서 시골로 십 리를 걸어 벼가 퍼렇게 물결치는 논두렁을 찾아가면 송편이 꽂혀 있다. 우리나라의 아름다운 풍습이었다. 이스라엘이 지은 농사 거두어 드릴 적에 이삭을 줍지 말라 한다지만 우리나라 농촌에서 이런 아름다운 풍습은 전라도 충청도 일부에서 있는 줄로 안다.

우리가 자랄 때는 논에 벼를 거두어들이고 난 다음 이삭을 줍지 않고, 그냥 버려두면 가난한 사람들이 주워 간다. 감나무에 감을 다 따지 말고 남겨둔다. 까치밥이라고 하였다. 이런 아름다운 풍습이 지금도 있는지 모른다. 밭을 거두어 드린 다음 그 밭에 가면 무도 남아 있고, 고구마도 캐어 보면 남아 있다.

그곳을 떠나온 지 반세기가 지났으니 그 아름다운 풍습 남아 있는지, 지금은 기계로 하니 남아 있을지 모른다. 우리는 어릴 적 그렇게 푸근한 인심 속에서 꿈을 먹고 자랐다.

봄철에는 농번기에 산에 떡갈나무 베에다가 논에 깔아놓고 물을 대면 그 나뭇잎 썩는 냄새가 온 동네 풍년을 기원했다.

우리나라가 얼마나 가난한지 보릿고개라고 하였다. 농번기에는 학생들도 학교를 쉬고 농가를 돕던 때가 있었다. 지금 아이들 농번기를 알까? 문명이 좋은 것만은 아니다. 산과 들로 다니면서 자연과 친해지면 사색하고 무엇이 될까 고민하고 아파하고 그런 경험을 다 겪고 우리는 자랐다.

유두날 논두렁에 송편은 우리의 인심이고 자연과 함께 기뻐하고 함께 공존하여 간다는 표시 아닌가. 그 땅에 감사하여 예를 표하는 것이 아닌가. 우리는 자연에 감사하여야 할 것이다. 우리도 언젠가 자연으로 돌아가서 후손들의 거름이 되어 갈 것은 아닌가. 자연이 망가지면 인간의 삶도 파괴되는 것을, 알아야 하는데 마구 일구어내는 자연 훼손에 가슴이 아프다.

추석에 송편을 생각하면 지금도 유두날에 논두렁에 가서 송편을 뽑아다 먹는 그 맛을 생각하여 본다. 가난한 시절에 신기루같이 희망을 주던 꿈이 가슴속에 남아 있어 각박하여 가는데 끄집어내어 볼 수 있는 그리움이 있어 행복하다.

아가는 엄마 등에서 행복했다

내가 무주구천동에 살 때 내 친구는 나미꼬다. 나미꼬는 일본에서 살다가 해방이 되어 한국으로 이사를 왔다고 한다. 나미꼬는 까만 단발머리에 단정한 용모에 조용조용히 말하는 것을 보면 천사 같다고 느낀다. 나는 나미꼬에게 함부로 말을 못 했다. 흔히 쓰는 계집애 소리 한번 못하였다. 나미꼬의 커다란 눈 속에 까만 눈동자만 보면 괜히 슬퍼지고, 쓸쓸하여 내 것을 전부 다 주고 싶어졌다.

우리 집에서 동네까지 가려면 한참 걸리고, 나미꼬네 집은 동네 입구에 자리하고 있었다.

나미꼬네 집은 우리 동네에서 가장 좋은 집이다. 특히 높다란 뜰 방이 다른 집과 다른 것을 느끼게 한다. 토방 위에서 내려다보는 마당은 위엄이 있다. 사람들은 나미꼬 엄마가 토방에 서 있는 얼굴만 보면 엄숙해진다고 한다. 엄마는 별로 말이 없는데, 한번 그 눈과 마주치면 위압을 느끼어 말을 더듬게 된다. 나도 나미꼬 엄마만 보면 괜히 주눅이 들어 웃고 떠들다가도 입을 다물게 되고, 슬그머니 꼬리를 감췄다.

그래도 우리는 즐거웠다, 나미꼬 집 뒤로는 작은 뫼가 있다. 우리는 학교가 끝나면 그 뫼에 올라가서 각시 풀을 뜯어서 꽃 대궐 만들고, 클로버 잎을 따서 머리띠를 만들어, 머리에 달고, 목에다 걸고, 가락지도 만들고, 팔지도 만들어서 놀았다.

내 동생은 왜 그리 날 따라다니기를 좋아하는지, 안 데리고 가면 동생이 "엄마" 하면 무슨 말을 할지 알기 때문에 아무 소리 안 하고 손목을 낚아채어 데리고 다녔다,

내 동생은 놀이할 때는 공주만 항상 하려고 든다. 그게 보기 싫어서 소꿉놀이할 때는 언제나 동생을 식모언니를 시켰다. 밥하라고 하면 사금파리 위에서 진흙을 개어 밥을 만들었다. 나는 아빠고 나미꼬는 언제고 엄마였다.

여름에는 셋이서 뒷동산에 올라가서 개암을 따서 먹고, 더 나가면 뽕나무 밑에 나가서 오돌개(오디)를 따먹어 입술이 빨개 가지고 다녔다. 그렇게 한여름을 지내고 있었다.

나미꼬 오빠가 가끔 집에 올 때 근사한 옷을 입고, 모자를 쓰고 나타나면 나미꼬 엄마는 치마에 바람이 일고 있었다.

새언니가 있는데 같이 안 오고 오빠 혼자 올 때가 더 많았다. 나도 나미꼬 오빠를 보면 덩달아 즐겁다. 나는 오빠가 없어서 나미꼬 오빠를 내가 더 좋아했다. 오빠가 빙긋이 웃으면 하얀 이가 여간 예뻐 보이는 것이 아니다. 나미꼬 오빠는 나미꼬와 나를 강가

에 데리고 가서 가재도 잡아 주고, 피라미를 잡아 주기도 했다. 시간이 없다고 하면서 놀아줬다.

나미꼬 엄마가 피곤한 오빠를 왜 귀찮게 구느냐고 야단치시지만 우리는 아랑곳없었다. 오빠는 어디 경찰이라고 했다. 나도 이담에 크면 경찰한테 시집을 가야지 하고 마음속으로 다짐을 하였다.

오빠는 세상에서 제일 잘생긴 것 같다. 화내는 것을 본 적이 없다. 조용조용하게 말을 하는데 그 목소리는 나미꼬 엄마 목소리와 똑같다.

그해 겨울 나미꼬 오빠가 언니를 데리고 집으로 왔다. 오빠가 데리고 온 언니의 배가 남산만 하여서 힘들게 걸어서 집으로 왔고, 오빠는 혼자서 금방 갔다. 언니는 천사 같았다. 하얀 얼굴은 시골 사람 같지 않았다. 서울 부잣집 딸인가 옷 입도 고급이다. 엄마는 언니가 오니 쩔쩔매고 있었다.

"애야 어쩌니? 병원도 없는데 이런 시골에서 애를 낳게 되어서."

나도 생각하니 서울에서 아기를 낳지 시골에서 낳으려고 하나 싶었다.

그러나 조금 있으면 아기를 볼 생각을 하니 저절로 신이 났다. 나는 나미꼬가 부러웠다. 나도 저런 언니가 있으면, 나도 오빠가 있으면, 하고 얼마나 부러워하였는지 모른다. 나는 하나 있는 동생은 욕심쟁이라서 내 옷을 동생이 먼저 입어보고 내게 주어 가끔가다 동생이 없으면 좋겠다고 생각하였다. 그러다가 '아니지 동생이 없으면 누구랑 놀아, 잘못한 것이 생각이 나 아니야.'라고 했다.

그해 겨울 가장 추운 날 나미꼬 언니가 아기를 낳았다고 나미꼬가 달려왔다. 나는 그의 손을 잡고 집으로 달려갔다. 그런데 들어오지 말라고 하여 문 앞에서 서서 기다리다가 그냥 오고 나니 심통이 나서 괜히 동생에게 '너는 내 물건에 왜 손대니?' 하고 꿀밤을 하나 주니,

'언니 왜 때려.' 하고 '엄마!' 하며 소리 지르려고 했다.

'그래 내가 잘못했어. 일러바치면 나미꼬 언니 아기 보러 가는데 안 데리고 간다.' 엄포를 놓으니 그냥 넘어갔다. 일요일이 세 번 지나고, 나미꼬가 인제 아기 보아도 된다고 하여 손을 씻고 들어갔다. 아기는 쌕쌕 잠들어 있고, 눈을 감고 자는 아이는 꿈을 꾸는지 웃고 있었다. 아기와 새언니는 그해 겨울은 나미꼬 집에서 보내게 되었다. 아기가 보고 싶어, 날마다 나미꼬야 하며 찾아가, 아기방으로 들어가서 아기와 같이 놀았다.

봄은 빨리 왔다. 이른 봄에 피던 개나리가 노란 얼굴을 하고 물이 오른 것을 꺾어다 아기가 자는 머리맡에 꽂아 주었다. 아가는 아는지 모르는지 새근새근 자고 있었다.

4월이 되면서 아가는 얼굴을 밖에 내어 볼 수가 있었다. 앞산에 진달래가 아기 얼굴처럼 붉게 물들어 우리는 진달래 따 먹느라, 해가 지는 줄 모르게 다녔다. 아기도 나미꼬 집에서 봄을 지나니, 새언니와 아기는 아빠에게로 가고, 아기가 누웠던 자리는 봄바람만 간혹 왔다가 문풍지를 흔들어 놓고 지나갔다.

나미꼬 엄마는 아기가 보고 싶은지 먼 산을 바라보기가 일쑤였

다. 그런대로 여름이 와서 들로 산으로 다니면서 더덕도 캐고 퍼런 개암도 따다가 먹고, 산딸기 막 익어 갈 무렵 동네에서 난리가 났다. 사변이 났다 했다. 전쟁이 났다고 했다.

우리 집에는 갑자기 군인들이 많이 모여들어 와서 우리 집과 옆집 김 선생님 집이 군인들 사무실이 되고 우리 식구는 한방에 모여 자야 하였다.

엄마는 쉬쉬하면서 인민군이라고 하는데 인민군이 무엇을 하는 사람인지 몰랐다. 나라가 바뀌었다고 하는데 어떻게 바꾸어졌는지 몰랐다. 아버지 학교는 문을 닫고 동네 사람들은 어디론지 가버리고 없다. 나미꼬 오빠는 경찰이라서 벌써 집을 떠나 소식이 없다고 했다. 나미꼬 언니는 어린아이를 업고 먼 데를 못 간다고 구천동으로 돌아왔다. 아기를 업고 온 나미꼬 언니는 사색이 되어 방안에만 갇혀 있었다.

그런 것 나는 모르지만, 인민군이 경찰과 군인 가족은 다 죽인다고 하였다. 아버지는 초등학교 교장인데 피란을 안 갔다. 아무도 아버지더러 피난 가라고 하지 않았고, 인민군도 아버지를 보아도 선생 동무 잘 있으시기요, 하며 농담을 하며 집에 들렀다 갔다.

아버지 학교에 하 선생님은 육이오 전쟁이 나자 빨갱이가 되었다고 했다. 그 하 선생님이 완장을 차고 우리 집에 와서,

"교장 선생님 걱정마시오. 다 잘될 것입니다."

"곧 좋은 세상이 올 것입니다." 하였다.

나는 무엇이 좋은 세상인지 알지 못하였지만 싸우고 있는 것은 사실이었다. 싸우는 것은 싫었다. 죽는 것이 싫었다. 나미꼬 언니

가 7월도 무사히 지나고 8월에 들어서서 인민군은 자꾸만 나미꼬 오빠를 찾아왔다. 나미꼬 엄마는 벌벌 떨면서

"우리 집에 한 번도 오지 않았습니다." 하고 손을 싹싹 빌지만, 그다음 날 다시 왔다. 매일 찾아오더니, 어느 날은 신작로에 인민군 병사들의 긴 행렬이 줄을 잇고 걸어가는 모습을 보았다. 거기에는 열세 살 먹은 남자아이도 끼어 있는데 발은 퉁퉁 부어서 광목으로 칭칭 감고 우리 집 마루에 쪼그리고 자는 것을 볼 때, 나는 그 소년이 불쌍했다. 나중에 가만히 강냉이를 몰래 가져다주고 이름을 물어보았다. 그 아이는 옆을 두리번거리더니 얼른 받아서 들고 말했다.

"병수라고 해."

그 아이는 옥수수를 우물우물 먹으면서 얼굴을 땅에 대고 어머니가 보고 싶다고 어깨를 들썩이며 울었다.

"너희들 지금 어디로 가는데?"

"고향으로 가는 길이야."

"그러면 왜 우니 곧 집에 갈 텐데."

"그러게 말이야."

울먹이면서 말했다. 그다음 날 병수는 인민군과 같이 칭칭 감은 발을 절뚝거리면서 따라가면서,

"수진아 잘 있어."

하며 손을 흔들고 갔나.

인민군은 누런 군복을 입고, 힘없이 신작로를 따라 어디로 가는지 모르지만, 행렬은 끊어지지 않고 가는데 불쌍하게 보였다. 가

끔가다 비행기는 하늘에서 씽씽 지나갔다. 무슨 일이 나기는 날 것 같았다. 우리 집에 있던 인민군들도 우리에게 어디로 간다는 말이 없이 떠났다. 그전에는,

'야 수진아 이리 와.' 하며 머리를 쓰다듬어 주더니, 8월 들어 방 근처도 못 오게 하였다. 열심히 전화를 걸어 대더니 화를 자주 내는 것을 보았다.

우리는 건넛방에서 아버지와 어머니, 언니, 동생 다섯 식구가 한방인데, 밤이면 마당에 멍석을 깔고 아버지와 어머니는 자고, 우리 셋은 방에서 자고, 안방과 가운데 방은 그들이 사무실로 쓰기 때문에 집에 있기 싫어 나미꼬 집에서 한여름을 지나면서 아기를 주로 내가 봐주었다.

밖에서 망보는 일은 나미꼬가 하고 나는 아이를 보아주었다. 그 해 여름 행복하였다. 나만 보면 아기는 샐 샐 웃으며 기어서 무릎에 올라온다. 아기가 참 예뻤다.

그런데 나미꼬 집에서는 난리가 났다. 지금까지 잘 숨어있던 언니가 아기가 울어서 인민군에게 들켰다 한다.

그 예쁜 아기와 엄마가 어제저녁에 갑자기 찾아온 인민군에게 조사할 것이 있으니 아기를 업고 따라오라고 하며 어디론가 데리고 갔다고 나미꼬는 울면서 달려왔다.

"우리 새언니 인민군이 잡아갔어."

"아기는?"

"언니가 아기를 업고 나갔어."

어디로 데리고 갔는지 모른다고 했다. 가슴이 꽉 메어 왔다. 나

미꼬와 나는 기도를 하였다.

"새언니와 아기 돌아오게 해주세요."

날마다 기도하였다. 어디다 대고 할지 몰랐다. 눈을 감고 기도하였다. 나미꼬 엄마는 '죽일 놈들' 하시면서 방에 드러누워서 일어나지 못했다. 나미꼬가 미음을 만들어 엄마에게 갖다 드리지만 안 잡수셨다. 나미꼬 언니와 아기는 일주일이 지나도 소식이 없었다.

언니의 등에 업히어 나간 아이와 언니는 소식이 끊어 진지 보름되는 날, 나미꼬 오빠는 군인들 틈에 집에 들렀다.

"아비야, 아기와 어미는 그놈들이 끌고 갔다." 하고 나미꼬 엄마가 통곡하였다. 나미꼬도 나도 같이 울었다. 오빠가 일찍 와서 데려갔으면 인민군이 안 데리고 갔을 것인데 하고 통곡 소리가 나미꼬 집을 에워쌌다. 그 슬픔은 가실 줄을 몰랐다. 나미꼬 오빠는 그놈들이 그냥 끌고 가지는 못하였을 것이라고 하며 눈이 벌겋게 되어서 찾아본다고 나갔다. 나미꼬 엄마도 "애비야 나도 같이 가자." 하며 따라나섰다. 죽은 듯이 누워있던 엄마는 기운이 어디서 났는지 부리 낳게 오빠를 따라 나섰다. 그리고 사흘이 지났다. 나는 나미꼬 집에서 같이 잤다. 무서워서 밖을 못 나갈 것 같았다. 귀신이 나올 것 같아 우리는 변소 갈 적에 밖에서 망을 보고 들어왔다. 얼마나 무서운지 오금이 저렸다.

별빛은 등으로 쏟아지고, 달빛도 앞에 서서 길을 안내하여 주는

데도 귀신이 보자기 쓰고 나타날 것 같았다. 사흘 지나서 오빠와 엄마는 돌아왔는데, 두 사람의 얼굴은 죽은 사람 같았다.

"엄마 오빠 언니 찾았어? 아기는?" 하고 나미꼬가 물어보니 둘 다 허공만 쳐다보고 아무 말이 없었다. 말소리가 안 들리는 것 같았다. 더욱 집안은 어둠이 꽉 차고 슬픔이 스멀스멀 기어 나와서 온 가족을 꽁꽁 묶어 두는 것이었다.

나중에 나미꼬가 '언니가 업고 있는 채로 아기가 엄마 등에서 죽어있었다.'라고 말하여 주었다. 나는 그 말을 듣고 하늘을 쳐다보았다. 하늘에는 하얀 구름 뭉게뭉게 피어나고, 산 위에서 여전히 산새 울음이 흐르고 있었다.

바람은 살랑살랑 불어와 이마에 덮인 머리카락을 날리고 있었다. 갑자기 병수가 생각이 났다. 병수는 고향에 잘 갔는지, 아기와 나미꼬 언니는 하늘에 갔다는데 저 많은 별 속에 어디에 있을까?

저렇게 하늘이 청정하니 오늘 밤에는 별이 더 많이 쏟아지겠지. 아기와 나미꼬 새언니는 별빛이 쏟아지는 밤에, 더러 별빛을 타고 내려와 집에 왔다 갈까?

별을 쳐다보니 별빛은 아가의 생글생글 웃는 얼굴이다. 아가는 엄마 등에서 행복했다.

알밤과 인민군 병사의 총부리 앞에 아버지

나는 6·25사변을 무주구천동에서 겪었다. 무주구천동은 6·25사변이 나기 3일 전에 빨치산이 점령했다. 우리는 피난을 가지 못하고 지리산 부근에 있던 빨갱이들과 이북서 넘어온 인민군 치하에 한여름을 살았다. 우리 집은 고급 장교 병사가 되고 아버지 근무지인 초등학교는 인민 사단 군인들의 주둔지이었다.

아버지가 교장으로 있던 학교에 선생이 6명이 있었는데 그중에 한 명이 빨갱이였다. 워낙 아버지가 착해서 해를 당하지 않았다(우리 아버지보고 부처님 가운데 토막이라고 말함). 우리는 건넛방에 살고 안방은 장교들의 사무실이었다.

한여름 인민군과 함께 살다 가을에 인민군이 이북으로 쫓겨 갈 무렵은 신작로에 그 인민군 행렬이 끝이 없이 길었다. 그 긴 행렬에는 13세 소년도 있었다. 그들은 거의 다 다리가 퉁퉁 붓고 발도 퉁퉁 부어 붕대를 감고 걸어가는 인민군도 있었다.

우리 집은 한여름 피난 가지 않고 편안하게 살면서 구천동의 산 주인이 다 피난 가고 주인 없는 산에 가서 알밤을 주워왔다. 주인 없는 산에 가서 나무만 흔들어도 알밤이 우수수 떨어졌다. 한 자루씩 주워왔다. 밤을 마루에 말리고 있었다.

우리 집에 있던 인민군은 다 떠나고 지나가던 인민군이 먹을 것이 있나 하고 우리 집에 들어왔다가 아버지 방을 뒤지었다. 왜 뒤지었나 생각은 안 나지만 아버지는 매일 일기를 썼다.

오늘은 인민군이 이 마을 소를 잡아먹었다, 오늘은 돼지를 끌고 갔다. 닭도 많이 잡아갔다. 등등 그들의 행동을 일기 쓴 것을 인민군이 보았다, 인민군이 일기를 보더니 "이놈이 악질 반동분자네." 하더니, 이런 놈은 죽어야 한다고 하면서 총을 아버지 머리에 겨누며 죽인다고 했다.

언니와 엄마는 울면서 잘못했다고 두 손을 싹싹 비비며 빌고, 아버지는 사시나무 떨듯이 벌벌 떨었다. 두 동생과 나는 그냥 울기만 했다. 아버지 죽이면 어쩌지, 무섭기만 하여 엉엉 울고, 언니는 마루에 널어놓은 알밤을 자루에 한 자루 담아서 그 새파랗게 젊은 인민군 앞에 놓고 가져가라 하고, 엄마는 두 손을 들고 잘못했다고 빌고 우리는 울고 있었다.

그 젊은 인민군은 "그럼 반성하시오. 내일 다시 올 것입니다." 하며 알밤 한 자루를 가지고 갔다. 나는 "살려주세요. 우리 아버지 살려주세요." 울며 빌었다. 아버지는 안 죽었다. 내가 울고 빌었던 것을 들어주신 것이다. 아버지는 그 밤으로 산줄기를 따라 구천동을 떠나 무주를 지나 영동으로 가시었다. 우리 다섯 식구만 남았다. 14살 언니와 나 10살, 7살과 4살 여동생과 어머니 이렇게 다섯 식구만 남았다. 어머니는 딸만 여섯을 낳았고 아들을 못 낳아 무주구천동 덕유산에 가서 치성을 드리러 가시는 것을 보았다.

안다는 것에 살아난 우리

아버지가 그 밤으로 구천동을 떠나고 언니, 나, 두 동생, 엄마 다섯 식구는 젊은 군인이 다시 온다고 했으니 그 밤에 우리는 뒤 강을 건너서 뒷동네로 피난을 했다. 그리고 다음 날 다시 집으로 돌아왔다. 그런데 도망가던 인민군들이 언니를 데리고 가려고 날마다 꼬였다. 우리 인민 해방군과 함께 가자고 했다. 언니는 울면서 안 간다고 하고 울면 그냥 두고 떠났다. 그렇게 매일 같이 인민군에게 당하는 것을 보자 딸을 빼앗기겠다, 생각하고 엄마는 나와 언니를 무주로 가라고 했다. 구천동에서 설천 가는 길목까지는 인민군이 점령하고 있었다. 이곳만 지나면 국군 점령지였다. 어머니가 하시는 말이 '어디 가니? 하거든 사촌 오빠가 무주 사는데 결혼식이라서 다니러 간다고 해라.' 했다. 구천동은 그렇게 말하고 무사히 나왔다. 설천에 들어가니 군인들이 우리를 붙잡고 어디서 오느냐 하여 구천동서 온다고 하니, 어디 가느냐 하여 똑같은 말을 했다. 사촌 오빠 결혼식에 간다고 말하니 "거짓말 마라. 너희들 스파이지?" 하고 데리고 어느 집으로 들어갔다. 거기는 큰 집인데 이미 방마다 사람들이 다 들어있는 것 같았다.

아프다고 소리 지르고 군인들이 소리치는 소리도 들렸다. 살벌했다. 무서웠다. 죽을 것 같았다. 죽나 보다 싶었다. 방으로 데려가더니 "너희들 왜 나왔니? 불어라. 왜 나왔느냐?" 해서 그냥 사촌 오빠가 장가가서 나왔노라고 했다.

"아니다. 거짓말이다. 너희가 맞아야 말할 거니?" 하고 소리쳤다. 이제 죽는구나 싶었다. 속으로 '살려주세요. 살려주세요.' 하였다. 그때 우리 앞을 지나가던 분이 "아니 너희들 왜 여기 있니?" 하였다. 군인이 "아시는 분인가요 서장님?" 했다. "저 아이들은 구천동 교장 선생님 딸이니 풀어줘." 하셨다. 그래서 우리는 살아났다. 언니는 사색이 되어 노랗게 변한 얼굴이었다.

"아저씨 고마워요." 고개를 주억거리며 울어 버렸다. 서장님은 "괜찮다. 어서 나가거라." 하시었다. 그래서 죽을 뻔하다 살아났다. 우리는 손을 들어 지나가던 트럭을 얻어 타고 영동으로 가서 아버지가 계시는 큰집에 도착했다. 살았다. 거기서 아버지와 언니, 나 셋은 두 달을 지냈다.

커다란 내 신발

어릴 적 내가 살던 곳은 삼십 리 길을 걸어가 오일장에서 사 오는데 내 신발은 까만 남자 고무신입니다. 엄마는 오래오래 신으라고 큰 신발을 사 오십니다. 그 신발을 신고 다닐 땐 발가락만 고무신 속에 걸치게 되니 내 발은 미워 보입니다. 그때 어머니가 사 준 신발 때문에 지금까지 발은 예쁘지 못하고 보기 싫다는 생각이 마음속에 잠재합니다. 그래서 서 있으면 발가락을 오므려 작게 보이려는 습관이 있습니다,

내 신발은 너무 커서 뛰면 벗겨져 자주 넘어집니다. 언니는 공일날이면 산에 가고 나는 언니를 따라갑니다. 언니가 빨리 가므로 고무신을 들고 따라갑니다. 산속에서 밤이라도 주우려 하면 신발을 옆에다 놓아두고 밤 줍고 일어나서 갑니다.

산속을 헤매면서 버섯도 뜯고, 고사리도 담아 한 바구니 채우고, 도라지 더덕도 캐어 채워 옵니다. 그런 날은 신이 납니다. 산

에서 내려오면서 보면 내 신발을 어디에 놓아두고 다녔는지 찾을 길이 없습니다. 맨발로 집에 돌아와 이불을 뒤집에 쓰고 자는 척 합니다. 오래 신으라고 사준 신발이 너무 커서 들고 다니다가 잃어버린 것을 집에 오면 엄마는 빗자루로 나를 때려 줍니다.

다음날 학교 가려면 엄마의 큰 신발을 신고 몰래 학교 갑니다. 우리 집에서 학교 거리는 얼마 멀지 않아서 다행입니다.

학교에 가서 신발장에 내 신을 넣어 보면 다른 아이들은 작은 신발이 예쁜데 내 신발은 커다랗고 시꺼멓고 볼품없어서 부끄러워 내 얼굴이 달아오릅니다.

내가 엄마의 커다란 신을 신고 학교 다니는 것을 엄마는 모른 척하고 아무 말씀도 없었습니다. 그 무렵 난 서너 번이나 그런 경험을 했습니다. 지금도 잃어버린 신발을 생각하면 황량한 벌판에 홀로 서 있는 마음입니다.

그때는 고무신이 얼마나 비쌌지 예쁘고 고운 여자 신발이나 발에 꼭 맞는 운동화는 감히 생각도 못 했습니다.

저녁이면 호롱불 아래 앉아서 해진 신발을 엄마는 꿰매 줍니다. 가시내가 뭘 한다고 신발만 떨어지느냐 하면서.

동생은 나보다 더 기운이 센지 넉 달이면 새 신을 사야 하므로 엄마한테 '뛰지 마라' 야단을 맞는 횟수가 더 많습니다. 오래 신으라고 사 준 그 신발 지금 그런 신발 있으면 골동품이라고 할 것입니다.

신발은 커도 산과 들로 뛰어다니면서 바람과 구름과 함께 꿈을 키웠습니다. 머루와 디래가 초콜릿을 대신하고 밤이면 개똥벌레를 쫓아다니면서 별 헤이던 우리의 사색과 작은 왕국들은 그렇게 커가고 여물어 갔습니다. 대 자연 속에서 인생이 무엇인가 생각하며 자랐습니다.

오늘의 아이들은 생각의 공간이 없고 자연과 사색할 여백이 많지 않습니다.

문명의 홍수 속에서 갇혀 컴퓨터와 TV와 전자 게임을 가지고 자기를 키워나가니 언제 인생을 진지하게 생각하며 살까 싶습니다.

커다란 신발을 생각하면 하늘은 온통 파란 물감으로 물들어지고 고운 바람 소리를 들을 수 있는 것이 행복이었습니다.

명주 치마저고리

설과 추석 명절이면 엄마는 엄마가 여름내 누에를 치고, 그리고 실을 뽑아 베를 짜서 만든 명주에다 분홍 물 드리고 남색 물을 곱게 드려서 밤새도록 다듬이질하여 치마저고리를 만들어 주십니다.

밤이 늦도록 다듬잇방망이 소리는 으스름달밤에 멀리 퍼지고, 가끔, 개 짖는 소리를 들으며 '언제 저 방망이 소리를 안 들을까?' 하고 숫자를 세지만 밤새도록 들리는 다듬이소리를 들으면서 잠이 듭니다.

어머니는 방망이를 그냥 아무렇게나 다듬이를 두드리지 않고 리듬에 맞추어서 다듬잇돌에 방망이질하십니다. 강 약 강약 강 강 약 약하고 들리는 다듬이질 소리는 밤하늘에 청아하게 울려 퍼집니다. 그 소리는 맑은 하늘에 높게, 높게 올라갑니다. 몇 날 며칠 겨울밤에 울리는 다듬이소리는 더 길게 울려 나오고 매서운 바람에 옥을 구르는 소리 같으며 방망이 크기와 두드리는 사람의 힘에 따라 소리도 다르게 들립니다.

설과 추석이면 들어보는 다듬이질 소리 이제는 그 어머님도 가시고 그 다듬잇돌 30년이 넘도록 보지 못하고 못 들었습니다.

나는 무주구천동에서 살았습니다. 그때 그 집에는 앞마당에 많은 뽕나무가 울타리를 이루고 있었습니다. 집 밖으로 조금 나가면 뽕나무가 언덕으로 강가에 울창하여 여름이면 뽕나무 숲을 이루고 있어 엄마는 그 뽕나무를 그냥 두면 억울하다고 생각을 하시었을 것입니다.

누에는 오직 뽕나무 잎만 먹고 자랍니다. 뽕나무만 있으면 누에를 칠 수 있고, 수입을 올릴 수 있어 엄마는 그런 기회를 놓치지 않고 누에를 친 것입니다. 뽕나무는 아무 곳에서 자라지 않고 많이 없습니다. 뽕나무 열매는 익으면 검은 자줏빛이 되고 그 열매를 오돌 갱이라고 불렀는데, 그 검은 자주색인 오돌 갱은 새큼하고 달콤하여 여름이면 따먹어 입술이 빨갛다 못해 자줏빛으로 푸르죽죽하도록 따먹고 다녔습니다. 그 시절 우리에게 먹을 것이란 뒷산에 머루 다래와 오돌개 뿐입니다. 우리 집은 학교 사택이라 외딴집이고 집 주위로 많은 뽕나무 때문에 누에를 많이 쳤습니다.

우리 집은 학교 사택이라서 집이 크고 방이 남았습니다. 여름이면 윗방 전체가 누에 방이 되고 한여름은 누에 식구들의 안방이 되어 같이 살게 됩니다. 누에고치가 방안 가득할 때는 윗방은 작은 누에 숲이 됩니다.

처음 누에알은 빳빳한 종이 짝에 붙어 있습니다. 한 장이나 두 장을 반장한테 여름이 시작되면 엄마가 사 오고, 그것을 신문지 위에다 적당한 온도에 놓아두면 알에서 조그만 벌레가 되어 나옵니다. 엄마가 뽕잎을 아주 잘게 썰어서 뿌려주면 먹는지 모르지만, 똥은 나옵니다. 누에들이 2주가 지나면 조금 큰 벌레가 되어 뽕잎 먹는 모습이 얼마나 예쁜지요. 굵게 썰어준 뽕잎이 구멍이 펑펑 나 있는 것을 보면 압니다. 네모난 판에 나누어 놓고 그 위에다 뽕잎을 얹어 놓아주면 잎은 없고 줄기만 남기고 먹어 치웁니다. 또다시 그 네모난 좌판은 다시 나누어 놓게 됩니다. 삼 주가 되면 누에는 커다란 벌레가 되어 뽕잎에 딱 붙어서 갉아먹는데 뽕잎 먹는 소리가 서걱서걱 소리가 나지요.

두 장의 누에알은 우리 집 윗방에 서른 판으로 나누어 놓고 하루에 세 번 주는 누에 식사시간은 우리 집 식구들이 저녁상에 앉아 먹는 소리보다 더 큰소리가 되어 들립니다. 서걱서걱 갉아먹는 소리를 우리 식구들은 그 소리를 듣기를 즐거워합니다. 여름철에 한 집 식구가 되는 것을 오랫동안 해왔으니까.

누에가 사주가 되면 몸 전체가 퍼런색이 하얗고 부연 색으로 변합니다. 누에 몸이 말갛게 하얗게 변하면 어머니는 생솔 나뭇가지를 꺾어다가 윗방에 작은 숲을 만들어 줍니다. 소나무 가지를 꺾어다 숲을 만들어서 누에를 그곳에 얹어주면 누에들은 엄마가 만들어 준 인공 숲 사이에서 작은 자기 집을 짓기 시작합니다. 하얗고 예쁜 고치를 소나무 가지 사이로 만들어 놓아줍니다. 얼마나 이쁜지요. 나는 그 벌레가 끊임없이 뽑아내는 실로 밖으로부터 안으로 집을 지어가면 나중에 그 안에 갇히게 되는 누에를 유심히 보면서 생각을 많이 하였습니다. 저 집을 다 짓고 나면 저 집

속에서 누에는 어떻게 살까? 누에는 무엇이 될까? 하는 것을 생각하면 누에가 불쌍하게 보였습니다. 죽는 것이 그런 것 같았습니다.

알에서 나와서 뽕나무 잎을 열심히 먹고 자라서 고치를 만들고 그 속에서는 번데기가 되어 죽은 듯이 있다가 나방이 되는데, 나는 나방이 되는 것을 보지 못하였습니다. 우리 인생도 그렇지 않나 싶습니다. 열심히 먹고 자라서 자기 집을 지어가기 위함이 아닌가, 그 속에서는 이미 누에가 아니라 변신한 번데기인 것을, 그 번데기가 나방이 되어 다시 알을 까고 죽어 버리는 것을.

엄마는 소나무 가지 사이에 하얗게 달아놓은 고치를 따서 물에 삶아 내고 그 고치에 실을 뽑아내면 고치 속에 있던 누에는 번데기가 되어있습니다.

엄마가 이런 과정을 거쳐 추석 전에 고치에서 나온 명주실로 베틀에 앉아서 베를 짜서 그것을 곱게 물을 들여서 밤새도록 다듬이질하여 우리에게 치마저고리를 만들어 줍니다. 이런 과정을 거처 만든 명주 치마를 좋아하지 못하고 시장에 파는 번쩍거리는 비단옷을 입고 싶어 했습니다.

동생과 똑같은 색으로 만든 분홍치마 노랑 저고리를 둘이서 나란히 입고 나가면 쌍둥이라고 놀리고 '동생이 더 예쁘네.' 하는 소리를 들으면서 자랐습니다. 항상 내 옷이 좋아 보이는지 동생은 바꾸어 입자고 떼를 써서 내 옷을 입으면 내 치마는 짧고 동생 치마는 무릎 밑으로 내려가 있어 동생의 옷은 춤판이 같아 보이던 추억이 그립습니다.

추석은 다시 찾아오고, 동생과 나는 이번 추석에 어머니 산소에 가서 뵈면 그때 명주 치마 다시 입고 싶다고 말하여야겠습니다. 어머니가 보고 싶어집니다.

이민 온 지 47년이 되어 이제 고국 정취도 희석이 되어가고, 추석이라고 라디오에서 말하면, 그런 명절이 있었지 하며 넘어가게 되니 눈물이 납니다.

그전처럼 제사라도 지낸다면 음식 장만을 하면서 한 번쯤은 음미하겠지만 종교를 바꾸고 나서 제사도 안 지내고 보니 고국과 점점 멀어져 가고 내 이세들은 그것마저도 잊고 살 것 아닌가 하니 슬프고 외롭습니다.

제외된 한국인 것 같아 올해는 이십 년 만에 고국을 방문하여야겠다는 다짐을 하여 봅니다.

봄날의 일탈

나는 13살, 여동생은 열 살 때다. 우리는 무주 부남에 살았다. 부남이란 곳은 아주 작은 동네인데 그 동네에 아버지가 초등학교 교장이었다. 그곳은 차가 다니는 길도 없다. 강을 일곱 번 건너서 무주 읍내를 가야 한다.

봄날, 토요일 오후 나는 여동생을 데리고 강을 건너서 신작로에 섰다. 그리고 동생과 나는 지나가는 차에 손을 들었다, 몇 차가 그냥 지나갔다. 여섯 번째 트럭이 우리 앞에 서더니 "어디까지 가니?" 물었다. 나는 "우리는 영동에 가는데요." 말했다.

60리나 되는 거리이다. 지금 생각해도 간도 컸다.

"너희 둘이서만 가는 거니?"

"그래요. 우린 큰집에 가려고요."

"부모님에게는 말하고 나왔니?"

"네." 하고 대답을 했다.

터덜거리는 트럭 뒤에서 동생과 나는 쪼그리고 앉아서 휙휙 지나가는 포플라 나무 쳐다보았다. 우리는 자주 이사를 다녀서 트럭 뒤에 타고 포플라 나무를 보는 것은 익숙하고 꿈꾸기 좋은 시간인 것이다. 무주까지는 20리다. 거기서 영동은 40리다. 엄마에게 말하지 않고 동생을 데리고 나와서 엄마가 한참 찾을 텐데, 미안하지만 그래도 차를 타고 간다는 것이 너무 황홀했다. 동생은 어느새 트럭 뒤에서 잠이 들었다. 나도 잠이 오려는 것을 참고 영동까지 왔다.

"얘들아, 어디서 내려 줄까?" 아저씨가 큰소리로 물었다.

"거의 다 왔어요." 소리쳤다.

"얘, 일어나. 우리 내려야 해." 동생을 깨워 묵정리 삼거리에서 내렸다.

"아저씨 고마워요." 꾸벅 절을 하고, 큰집에 뛰어 들어가니, 큰어머님이 우리를 보더니,

"너희 둘만 왔니? 어떻게 왔니?""트럭 타고 왔어요."

"누가 너희들을 태워 주었니?"

"지나가는 차에 손을 들었더니 태워 주었어요."라고 말하니 큰엄마는 혀를 내 두르면서 어디 가시내들이 겁도 없이 남의 차를 얻어 타고 왔냐고, 엄마에게 말하고 왔냐고 물었다. 너희 엄마는 너희만 어떻게 보내니 참 무심도 하구나 하였다. 나는 큰어머니가 엄마를 흉보는 것 같아 엄마에게 말 안 하고 왔다고 말했다.

"이놈의 가시내들 뭐 어쩌고 어째? 당장 돌아가라. 겁도 없는 것들. 어디 함부로 부모 허락도 없이 다니니?"큰어머니는 들어오

라고 하지도 않고 회초리로 동생과 나의 종아리를 때렸다.

우리는 "다시는 안 그래요." 엉엉 울면서 싹싹빌었다. 그다음 날로 삼촌이 우리를 부남으로 데려다주었다. 아버지에게 또 한 번 종아리를 맞았다. 그 후에도 가끔 얻어맞아 가면서도 지나가는 차를 손을 들어 타고 자주 외갓집과 큰집을 드나들었다. 그다음부터는 덜 혼이 났다.

빨간 만년필

내가 초등학교 다닐 때는 연필을 몽당이까지 다 쓰는 때다.

놀이 때에도 연필 따먹기를 하며 놀았다. 공책이라야 누런 종이 공책이 고작이고 연필은 왜 그리도 잘 부러지는지 연필을 깎으려면 연필 나무가 안 좋아서 한쪽은 잘 안 깎이어 연필심이 다 쪼개지기까지 했다. 노트는 누런 공책이다. 특별히 고급 노트는 큰 백로지 한 장을 사서 공책 길이만큼 잘라 만들면 그 공책은 상품이다. 정월이면 백로지(백상지)를 여러 장 사서 공책 두 권을 만들어 일기를 시작하면 일 년에 두 권이 된다. 학교 가려면 책가방 대신 넓은 보자기에 공책과 책을 싸고 필통까지 넣어 돌돌 말아 어깨에 엇비슷하게 메고 뛰어가면 쩔렁쩔렁 연필통에 연필 소리가 요란하게 난다. 쩔렁쩔렁 소리가 나면 이 집에는 학교 다니는 학생이 학교서 온다. 저 집에는 학교 가는 학생이 있는 집이구나 한다. 잘 부러신 연필 대신 펜에 잉크 물 찍어 쓰면 그것은 고급이다.

초등학교 때는 시골에는 남녀가 같이 앉지 않고 가운데 반 갈라서 남자는 왼쪽 여자는 오른쪽에 앉아서 공부하게 된다. '누구는 누구를 좋아한대.' 하고 쪽지가 오고 가고 학교가 끝나면 변소 벽에 누구와 누구는 하면서 낙서가 난무하다. 그러면 온 학교가 다 알게 되고 그 학생은 요새 말하는 왕따를 시킨다. 더욱이 시골 학교는 일 학년에서 육 학년까지 다하여야 백 명 되는 학교라 누구네 집에 돼지 새끼 낳은 것까지 알고 지내는 처지라 '누구네 애가 누구네 계집아이하고' 하는 소문이야 온 동네가 다 알게 된다.

내가 오 학년 때 내 짝꿍은 사촌오빠 자랑을 내게 많이 하였다. 자기 오빠는 동네에서 가장 힘이 세며, 그리고 토끼를 많이 기른다고 하더니, 사촌이 나를 만나보고 싶어 한다고 은근슬쩍 말을 하였다. 짝꿍은 나더러 "학교 뒤에 있는 강가로 나오래." 했다.

우리 학교 뒤로 돌아가면 금강이 흐르는 넓은 강기슭을 이루고 있다. 학교 앞으로 뻗어 있는 동네는 오손도손 자리 잡고 있고, 암탉이 병아리를 품고 앉은 암탉처럼 평화롭고 아늑하다. 동네는 양편으로 나누어져 있어 그 가운데로 나무가 죽 심어져 아래 윗동네 경계로 하고 있다.

학교 뒤로 있는 강은 길게 가로 질로 흘러가고 강변이 상당히 넓고 강변 갓으로 피는 아름다운 꽃들은 봄부터 여름까지 많이 피어 가장 좋은 피서인 것이다. 그 강변에는 동글고 작고 예쁜 돌들이 많아 여름이면 감자 서리를 하여 즐기었다. 불에 돌멩이를 빨갛게 달구고 돌멩이 속에다 감자 고구마를 넣어 묻어둔다. 감자 고구마가 익으면 달고 맛이 그냥 구워 먹는 맛과 다르게 맛이 있다.

여름이면 그곳에 멱 감고, 고동 잡고, 여름 내내 강가에서 살았다. 여름을 지나고 나면 우리는 깜둥이가 되어 있다. 이 강은 금강 줄기로 이어진 강으로 강폭이 상당히 넓지만, 그 물 깊이는 보통 때는 바짓가랑이를 걷어 올리면 걸어갈 수 있다.

친구는 그곳으로 나오라고 은근히 조른다. 나는 마지 못하는 듯 끌리어 나갔다. 짝꿍은 사촌오빠를 데리고 나왔다. 처음 본 얼굴은 아니지만 그래도 조금 멋쩍고 부끄러웠다.

"애는 왜 이런데 나오라니 창피하게." 하고 돌아섰다. 그냥 서 있기가 부끄러워서였다. 도망가기엔 발이 안 떨어졌다. 짝꿍은 "이제 나는 간다. 오빠." 그 말을 하며 민망한지 내게 수줍게 웃으며 달아났다. 친구 사촌오빠는 내게 다가와서 하얀 종이를 내밀고 달아났다. 안 받는다고 뿌리칠 겨를 없어 얼떨결에 받아 쥐고 누가 보는가 하고 얼른 책가방 속에 감추고 집으로 달려왔다.

그는 나하고 같은 학년이다. 짝꿍의 사촌오빠는 학교를 늦게 들어간 것 같다. 나이가 나보다 몇 살 많아 보였다. 내 방에서 그가 건네준 접어진 종이를 펴 보았나. 네모나게 접고 그 안에 또 접어 예쁘게 써 내려간 글씨가 하얀 눈밭에 발자국을 새기듯 또박또박 썼다. 자기는 주대식이며, 자기는 장남이며, 학교를 졸업하면 축농을 하여 살 것이라며, 지금도 집에서 소, 돼지, 토끼, 개를 기르는데 어떻게 하면 잘 기르는 것을 안다고 하면서 내가 너를 좋아하니 우리 사귀어 보자는 내용이다.

그 후로는 나는 그와 강가에서 자주 만났다. 그 집에도 찾아갔다. 나는 농사가 어떻게 지어지는 줄도 모르고 자랐고, 이사를 온 지도 일 년밖에 안 된다. 언제 우리 집은 이사 할지 모르는 것이다.

아버지가 그 학교 교장 선생님이다. 4년 이상 한곳에 살아 본 적이 없는 시절이었다. 나는 호기심이 많아 그 집에 놀러 가서 토끼가 새끼를 낳는 것도 보았고, 새끼를 가져와 기르기도 하고, 돼지가 꿀꿀거리는 것도 보고, 소가 새끼를 낳았다고 하여 단 바람에 달려가서 보았는데, 단번에 걸어 다니는 송아지가 신기하여 따라다니기도 하였다. 그는 그 고장 여기저기를 잘 데리고 다녔다. 서늘한 굴속을 데려가고, 강기슭에 가면 고동이 많이 있었다. 학교 끝나면 곧장 달려가서 고동을 한 바가지를 잡아서 오면 엄마는 "착하지 어디서 귀한 것을 잡았니?" 하셨다.

산으로 들로 다니면서 산머루와 다래도 둘이서 따서 들고 오면 "애가 어디서 이런 것을 자꾸 가져오냐?" 하시지만 한 번도 "어디서 가져왔니, 누구랑 다녔니?" 자세히 묻지 않으신 어머니다. 그래서 어머니는 편했다. 언제나 내 편이신 것이다

그해 여름은 얼마나 짧은지 겨울이 가고, 봄이 오고 있었다. 그 겨울 그는 나에게 빨간 만년필을 선물하였다. 진분홍색으로 가운데 하얀 테로 둘러 있는 참으로 예쁜 만년필이었다. 몽당연필까지도 쓰는 때에 만년필은 대단한 선물이었다. 그 만년필을 받고 그 만년필로 그에게 제일 먼저 편지를 썼다. 이 만년필 오래 간직하고 잊지 않을게 하였다. 고맙다고 인사도 했다. 내 생각에는 비싸게 돈을 주고 샀을 것이다 싶었다.

그가 준 만년필을 자랑하고 싶어도 어디서 났냐고 할까 봐 자랑

을 못 하고 만져 보고 가방 깊숙이 간직하고 있었다. 내 동생은 이 만년필이 탐이 났는지 어떻게 알고 만년필 뚜껑을 자기에게 달라고 하였다. 그렇지 않으면 엄마에게 일러바친다고 하여 주고 나니, 뚜껑 없는 만년필을 가지게 되었다.

우리는 학교 끝나고 강가에 가서 많은 말을 하였는데 무슨 말을 하였는지 조금도 생각이 안 난다. 졸업을 앞두고 우리는 고민하였다. 나는 읍내로 중학교에 가야 하고 그는 학교에 못 간다고 했다. 하루는 그가 심각한 얼굴로 나를 찾아와서 "너 중학교 안 가면 안 되니?" 하였다. 나는 "가고 싶어." 하였다. 그는 심각한 얼굴로 돌아갔다. 내 짝꿍이 집으로 나를 찾아왔다.

"너 웬일이니?" 하고 말하니,

"저, 우리 오빠 심부름 왔어."

"그래 말해봐."

"그 만년필 가져오래."

그 말을 들으니 '땅' 머리를 얻어맞은 것 같았다. 한참 있다가 나는 정신이 들었다. 그런데 고민이 있었다. 그 만년필 뚜껑을 동생이 가져가서 잃어버렸다. 만년필 뚜껑이 없다고 말해야 하는데 무어라고 말할지 걱정이었다.

"그래 주께. 그런데 뚜껑을 잃어버렸는데." 하였다. 친구는 그래도 달라고 하였다. 문밖에 서 있는 친구에게 뚜껑 없는 만년필을 건네주고 방으로 들어오면서 '이제 끝이다.' 하였지만 그 예쁜 빨간 만년필을 주고 나니 퍽 아쉬웠다.

수복이 된 무주구천동

11월이 지나고 한겨울이 되어, 그곳은 인민군이 쫓겨 가고 잔당들이 남아서 낮에는 군인이 밤에는 인민군이 사는 동네가 되었습니다.

그 아름답던 마을과 산천이 낮에는 군인이 있는 마을이고 밤에는 공비가 산에서 내려와서 있게 되니 산은 빨가벗은 빨갱이가 되어 버렸습니다.

12월 어느 날, 공비 소탕 작전으로 정부군이 사단장을 앞세우고 들어오면서 마을 앞에 있는 모자라는 젊은이에게 군대장이 물어보았습니다.

"이곳에 공비가 있느냐?" 묻자 "아무도 없습니다." 하였습니다.

밤에는 공비가 마을에 내려와서 밥을 해 먹고, 새벽이면 떠나고, 아침이면 정부군이 오니, 그 젊은이는 그렇게 말을 했는지도 모릅니다. 결국은 앞장서서 들어오시던 장군은 남아 있던 공비의 총을 맞고 쓰러졌습니다. 그 젊은이는 그 자리에서 총살당하고, 그 마을 전체는 빨갱이로 몰려 죽이기로 작정하였습니다. 매서운 겨울에 온 주민이 한나절 동안 눈밭에 무릎을 꿇고 앉아 죽음을 기다리고, 군인 가족과 경찰 가족은 남으라고 하였습니다. 우리 엄마도 아버지가 학교 교장이라고 두 동생과 함께 따로 앉아 있었다고 합니다.

사령관 대장은 총을 맞고 쓰러질 때 "이 동네 사람은 빨갱이야 다 죽여버려." 하였다고 합니다. 사령관은 인사불성이라서 생사를 알지 못하고, 이제 주민은 총살을 당할 시간이라 총을 쏘려고 하는데 저쪽에서 "멈추라." 하는 소리가 들리고 무주구천동 동네 사람들은 죽음에서 벗어나 광명의 삶으로 바꾸었습니다.

총사령관 장군이 깨어나서 주민 다 죽이지 말고 빨갱이만 찾아서 죽이라 하였다 합니다. 그래서 동네 사람이 다 죽지 않고 몇 사람만 죽었다고 합니다.

그 이야기를 하면서 "하늘이 도왔다. 그래서 살았다." 내게 수십 번 들려주시던 엄마도 이제는 가시고 50년 지난 옛날이야기로 내 가슴속에 잔잔하게 파도를 칩니다.

다음 해 엄마와 나는 그 아름답던 산천이 폐허가 된 황폐한 그곳에서 파묻어 놓은 세간들을 가져오면서 생각했습니다.

'누가 이렇게 만들었는가. 이 아름다운 강산 다래와 머루가 익어가고 밤나무 잣나무가 하늘을 덮고 진달래꽃과 밤이면 반딧불로 아름답던 강산이 아니던가.'

그때의 아픈 마음을 6·25가 오면 회상을 합니다. 이제 그 증인이었던 어머니도 아버지도 가시고 내 아들에게 실감나게 6·25를 말하면 이해나 할까?

우리 민족이 지금까지 아파하고 있는 분단의 절망 앞에서 이해와 평화로 같이 공존하며 언제면 하나로 갈 것인가? 우리 세대에 흉한 38선이 없어지고, 도선이 될 수 있을까 하는 마음입니다.

지금 정부에서는 햇볕 정책 한다고 하는 데 들리는 이북의 소식은 우리가 베푸는 만큼 좋은 소식이 아니라 통일로 가는 길이 험하고 멀다고만 느끼는 것이 잘못된 것인가.

6·25를 잊지 말아야 합니다.

이른 봄에 노란 병아리

이른 봄의 행사로 전 학교 입학 시즌이 될 때는 매우 춥다. 양지바른 곳 햇볕에 웅크리고 앉아 있으면 따뜻한 햇볕은 언 볼을 녹여 줄만 하다. 손을 호호 불면서 목도리에 얼굴을 파묻고 종종걸음으로 걷는 초등학교 1학년 입학생들은 오른쪽 가슴에 자기 이름패를 달고 엄마 손을 잡고 학교 가는 것을 상상하면 풋풋한 고향의 정이 온몸으로 배여 온다.

처음으로 학교 간다고 설레어 밤잠도 설친 7살짜리 아이들 언 손을 잡고 언 발을 동동거리고 처음으로 낯선 학교에 가면 부끄러워 엄마 치마폭에 숨어 안 떨어지는 아이들을 간신히 떼어서 같은 반줄에 세워 놓고 쳐다보면 흐뭇하여 세상이 내 것 인양 싶었던 시절이 있었다.

학교 첫날엔 으레 추운 날씨이다. 집에서만 있던 아이들을 차가운 바람의 마당에 나란히, 나란히 세워 놓으면 아이들은 엄마가 어디 있나 목을 빼고 있다. 첫날이라 개교식이 거행되어 국기에 대하여 경례를 하고 애국가가 흘러나오고, 그다음은 교장 선생님의 훈시, 할 말이 많은지 길어진다. 추워서 발을 동동 구르며 추워하는 아이들 보며 어린 엄마들도 같이 동동거린다. 그러다 엄마가 안 가져온 것이 생각났다.

처음 등교하는 아이의 준비물을 챙긴다고 하였지만 안 가져온 것이 있어 아이에게 "잠깐 집에 갔다 올게." 하면 아이는 커다란 눈에 눈물이 고인다. 낯선 학교에 엄마마저 없다고 생각하니 두려운 것이다. 그런 아이에게 단단히 이른다. "선생님 말씀 잘 듣고 있어 금방 갔다 올게." 하고 집에까지 달려가서 가져오면 아이는 엄마가 언제 오나 자기 줄에 기다리다가 아이들 따라 교실에 들어가고 엄마가 오는 것을 기다리다 제 이름 부르는 것도 모르고 대답을 못 한다. 선생님은 큰소리로 아이 이름을 부르면 선생님의 큰소리에 놀라서 "예" 하고 큰소리로 대답을 하고 반 아이들이 "하하" 웃는다. 늦게라도 돌아와 준 엄마가 반갑다. 아이의 얼굴에 웃음이 피어나고 엄마가 좋았다. 그날 하루는 그렇게 하여 첫날 학교가 끝이 난다.

학교가 끝이나 나오면 학교 담벼락에 바람막이로 앉아서 노란 병아리를 팔고 있다.

털모자를 쓴 할아버지가 노란 병아리를 커다란 바구니에 넣어 놓고 한 마리에 천 원이요, 한다. 그 병아리들이 삐악삐악하는 소리는 산소처럼 맑았다. 개나리꽃이 활짝 핀 것을 보게 한다. 처음 학교 나온 아이가 엄마에게 보챈다. "엄마 저 병아리 사줘." 엄마는 "안 돼." 한다. "엄마 나 사줘." 하며 조른다. "엄마 응 응." 치마 꼬리를 붙잡고 안 놓아주면 "이 녀석 네가 기르니 내가 기르지." 하신다. 아이는 "엄마 내가 잘 기를게, 물도 잘 주고 모이도 잘 주고 내가 똥도 치울게." 하며 조른다. 마지못하여 아이 선물로 병아리를 사 오게 된다. 아이는 삐악거리는 병아리를 하루 이틀은 데리고 물도 주고 모이도 주지만 다음에 잊어버려 모른다. 엄마는 "철수야 네 병아리 모이 주었니?" "똥 치워라." 하고 소리 지르게 되고 아이는 들은 척도 안 하고 그다음은 엄마 차지다. 그 병아리가 커지면 미워지고 똥을 아무 데나 싸고 다니니 귀찮아지기 시작하게 된다. 나중엔 애물단지로 전락을 하여 버림을 받게 되어 이웃집에 보신탕으로 주게 된다. 아이를 가진 엄마들은 한 번쯤 겪는 일일 것이다.

내가 어릴 적에 엄마를 졸라서 병아리를 두 마리 사서 길렀다. 내 동생은 네 살배기다. 이 병아리가 앞마당으로 뒷마당으로 삐악삐악하며 돌아다니고, 노랗고 예쁜 병아리 뒤를 동생은 눈만 뜨면 따라다닌다. 나도 학교 갔다 오면 "병아리야!" 소리를 지르면서 뒷마당으로 달려가 동생과 같이 합세를 했다. 병아리 뒤를 쫓아다니며 모이를 주고 물도 주고 동생과 같이 사랑을 주고 있었다. 병아리 사 온 일주일쯤 되는 날 학교에 갔다가 오니 동생이 안 보였다. 병아리도 안 보였다. 이상하여 엄마를 찾으니 엄마가 어디를 가셨는지 안 보였다. "청자야" 하고 부르니 대답이 없다. 앞마당 뒷마당 찾아보다가 변소 옆에 웅크리고 숨은 동생을 발견

하였다.

“야 너 여기서 무얼 하니?” “언니야 병아리 내가 안 밟았어.” 하며 울먹였다.

병아리는 이미 빳빳하게 몸이 굳어 있고 날개를 오므리고 모로 누워있었다. 죽은 병아리가 슬퍼 보이고 불쌍하였다. 그걸 보니 화가 나서 "네가 죽였지?" 하며 엉엉 울어 버렸다.

“엄마 청자가 내 병아리를 밟아 죽였어.” 악을 쓰고 울었다. 옆집 갔다 오던 엄마가 울음소리를 듣고 뛰어와 “요 못된 것 왜 어린 병아리를 밟아 죽이니?” 하며 빗자루로 때려 주었다.

동생은 “내가 안 죽였어.” 하며 울고, 나는 내 병아리 죽었다고 울고, 온통 집안은 울음바다가 되었다. 언니가 학교서 돌아오더니 “야, 내가 더 예쁜 것 사다 줄게.” 하며 달래 주어도 “아니야 그걸로 가져와.” 하고 더 울었다.

동생은 울다 잠이 들었고, 나도 언제 잠이 들었는지 자고 아침에 일어나니 노란 병아리가 내 옆에서 삐악삐악하고 있었다. 그 병아리가 예쁘지만 죽은 병아리가 더 예쁘다고 생각하였다.

명절이면 생각나는 어머니의 밥 광주리

우리 어머니는 항상 하시는 소리가 있다. 그분이 살아온 생활 철학이다. 타고난 팔자는 속이지 못하지만 부지런하고 정직하면 죽 먹을 팔자라도 밥 먹고 살 수 있다고 하시면서 부지런하면 어디에 살든지 제 팔자도 이기고 산다고 하셨다. 우리 조상님들은 팔자타령 하다가 잘살지 못하였다. 살아 보니 부지런하고 성실하고 정직하면 그런대로 아름다운 세상 살 만한 세상이 아닌가.

우리 어머니는 공부도 안 했고, 아는 지식도 없고, 다만 열심히 살아온 것이 전부이다. 그래도 그 나름대로 신앙 철학을 가지고 있었다. 오래 살려고 욕심부리지 말라 하시며 땅을 떠나면 못산다고 자주 말씀하시었다.

게으르고 나태한 사람을 보면 엄마는 제 팔자 기박하여 서억은 못 한다만 부지런하면 가난은 면하느니라 하시는 어머니다.

어머니가 이민 와서 언이 안 통하고, 할 일 없다고 답답하다 하시며 몸살을 앓으셨다.

"성경이라도 읽어보시오." 글자 큰 성경을 사다 드렸더니 하늘 천 따 지, 하듯이 경을 읽어 가듯 큰 소리로 읽으시더니 눈이 안 보인다고 접으시고, 잠시도 가만있지 않고 들락날락하시기를 하루에 몇십 번을 하시는지 송구하여 일거리를 주어야 하는데 무얼 드리나 생각을 하다가, 앞마당에 손바닥만 한 노는 땅이 있기에 주인에게 허락을 받아 어머니 여기다 상추라도 심어 보면 어떠시냐며 씨앗을 사다 드렸다.

그날부터 우리 어머니의 일터는 손바닥만 한 밭이다. 자고 나면 물 주고 어디서 주어 왔는지 돌멩이 주어다가 울타리 치고, 거기다 무씨를 뿌리더니, 파란 싹이 나오고 하얀 무뿌리가 생기고, 아주 소담한 작은 농장이 되었다. 그곳에다 오이, 호박, 각가지 채소가 가지 수도 많았다.

그 재미로 어머니는 살판이 나신 듯하고, 온 동네 다니면서 언제 익히어 두시고, 몇 년을 산 나보다 더 잘 알고 계셨다. 동네 무엇이 있는지 알고 꿰고 있었다.

황폐한 손바닥만 한 땅이 우리 집 농장이 되었다. 얼마 있으니 부추도 심어 놓고, 상추 심고, 배추 심어 아침저녁으로 물을 주니 배추 몇 포기 예쁘게 알맹이를 안고 있고, 맵시 없이 자란 무는 하얀 몸을 땅에 묻고 있고, 부추는 몇 묶음 농사를 거두었다. 어머니는 부추 단을 묶어서 한국 가게에 내다 팔아 돈을 들고 와서 내게 가져왔다. 어머니에게 도로 돈을 드리니 그 돈을 가지고 어떻게 구했는지 씨앗을 구해 왔다.

봄부터 겨우내 사철 채소 심어 먹고, 부추 팔아 비료 사 오고 그 재미로 어머니는 한국 간다는 소리 안 하시었다.

육이오 사변 다음 해에 우리가 무풍학교 있을 때다. 학교가 복구되어 학교는 개학하여도 월급이 일 년은 없어 먹고살기가 어려웠다. 이럴 때 가만히 있을 어머니가 아니다.

추석 명절이라 집집이 떡이며 제사 음식 장만하느라고 어려운 가운데서도 이때만은 감추어 두었던 곡식 꺼내어 화기애애하고 풍성하였다. 우리 집은 가난하여 이웃집 떡방아 찌어 오는 것 바라보고 이웃집 음식 장만하는 냄새에 바라만 보고 있었다.

추석날 새벽부터 어머니가 안 보였다. 어디를 가시었나 궁금하지도 않았다. 엄니는 자주 집을 비우고 어디를 잘 갔다 오신다. 어머니가 이런 날은 마을 가면 안 된다고 하셔서, 언니와 동생은 마루에 쭈그리고 앉아 있었다.

한나절 되니 어머니가 웬 광주리를 이고 들어오셨다. 우리는 댓바람에 달려가서 광주리를 내려놓고 보니, 하얀 밥과 떡, 부침개, 나물, 여러 가지 제사 음식이 들어있었다. 엄니 얼굴은 홍조와 행복한 웃음이 번져 흘렀다.

밥은 밥대로 떡은 떡 대로 부침개는 가지런히 있었다. 어머니는 학교에서 떨어진 곳으로 가서 집집이 들려서 밥을 달라하고 얻어 왔다고 하였다. 혹시나 학교 교장 선생님 집이라 알 것 같아 두메 산골로 가서 얻어 온 것이라고 했다.

시골의 푸짐한 인심은 그날 만든 음식을 내어다 주면서 다정한 인사까지 받고 오시였다고 한다.

어머니가 가지는 철학은 부지런하면 밥은 먹는다고 하신 것이다. 가난한 것은 게으른 탓이라고 하시는 어머니시다. 아버지는 선비라 주변머리 없어서 식구들 고생하는 것을 알아도 얻어온 음식 안 잡수시는 분이시다. 어머니 하시는 말이다. 학부모가 가져온 음식이라 속이고 좋은 것으로 드리면 그런 줄 아시고 잘 잡수시었다.

그때 먹던 광주리의 떡과 밥, 부침개가 얼마나 맛이 있든지 아직 그렇게 맛있는 음식 먹어 본 적이 없다. 그해 설날도 그렇게 하여 우리는 다른 집과 똑같이 제사 음식도 먹고 맛있는 음식을 잘 먹었다. 그렇게 먹은 광주리 음식이 추석이 오거나 설날이 오면 생각이 난다. 어머니는 가시고 남은 것은 철학과 추억만 남았다.

어머니의 철학은 내 평생에 좌우명이 되어, '부지런하면 밥은 먹는다.'라는 것을 잊지 않고 열심히 살았다. 아이들에게도 어머니의 철학 강의를 자주 하여 아이들도 다 알고 있는 사실이다. 그 아이들 장성하여 제 앞가림하고 잘살고 있다. 아마도 어머니의 인생 철학 덕택인 것 같다.

여름밤 합창

무주구천동 이른 봄이면 제일 먼저 웅덩이나 실개천이나 물이 고인 논에 개구리는 알을 까서 놓습니다. 지금은 그런 걸 몸에 좋다고 다 건져 먹어서 남아 남지 않는다는 소리를 듣고서 가슴이 아팠습니다.

지청구로 들을 수 있는 개구리 합창을 안 들은 지가 몇십 년이 되었습니다. 무주구천동에 살면서 그 산 밑에 웅덩이 속에 이른 봄이면 개구리가 소복이 알을 쏟아 놓고 가면 나와 동생은 매일 같이 들여다보며 얼마나 자랐나 찾아가 보고 왔습니다.

무주구천동 그 시골서 볼 수 있는 것이란 이른 봄이면 산 밑에 양지바른 곳에 제일 먼저 노랗게 올라오는 새순을 뜯어다가 국 끓여 먹는 국스둥이라는 나물과 냉이라는 나물입니다.

2월이면 그 눈 속에서 올라오다가도 죽어있고 날이 풀리면 다시 올라오는 고운 싹을 뜯어다가 밥상에 올려놓으면 봄은 제일 먼저 우리 집 밥상에 올라옵니다.

이때 개구리는 차가운 물 속에 말간 우무같이 생긴 곳에 개구리 알을 까서 놓으면, 까만 씨앗처럼 생긴 알은 말간 그 우무처럼 되어있는 음속에서 있다가 머리에 꼬리가 나오고 고물고물한 것이 여간 예쁜 것이 아니지요. 올챙이가 되어 헤엄치다가 다리가 나오고 작은 개구리가 되어 폴짝거리면서 나무 위로 밭으로 들로 뛰어다니지요. 이 개구리가 여름밤이면 지천으로 울어댑니다.

우리 교과서에 청개구리도 있지만, 청개구리는 나무숲에서 자라고 초록색 옷을 입고 있으며 몸집이 조금 작고 매끄럽게 생겼고 예쁘게 생겼습니다. 들에 있는 개구리는 누렇게 생겼고 조금 큽니다.

주로 울고 있는 개구리는 들개구리입니다. 여름밤으로 울어대는 개구리울음은 합창합니다. 그 긴긴 여름밤 별빛이 쏟아져 내려오면 어스름 밤에 온통 뿌연 빛으로 산과 들과 집들을 감싸고 있을 때 개구리의 울음소리는 더욱 높게, 높게 하늘로 올라갑니다. 달 밝은 밤에 그 울음소리가 크다고 느끼지 못하였는데 그믐밤에 별빛만 초롱초롱할 때는 더욱 기승을 부리고 울어댑니다.

개구리들도 달빛이 좋은 모양입니다. 달 밝은 밤에는 어디로 숨어있는지 달빛에 취하였는지 보이지 않고 우는 소리가 작습니다. 달 밝은 밤에는 내놓고 짝을 찾기가 부끄러운 것인지, 그러나 밤이 깊어지고 어두워지는 어스름 밤에는 으레 우리 집 방문 앞에 와서 울어댑니다. 짝을 찾아 헤매며 울어대는 애달픈 울음입니다.

더러는 그 개구리 소리가 구성지다고도 하면서 육자배기 같은 소리라고 하지만, 나는 밤마다 듣고 잘 때마다 이 밤에도 저 개구리는 사랑하는 임을 찾지 못했구나 하였습니다.

밤이 맞도록 극성스럽게 울어대는 개구리 소리에 잠이 깨여서 우리 언니에게 물어보았습니다.

"언니 왜 저렇게 개구리는 밤새도록 울어?"

언니가 하는 말이 "그는 사랑하는 임을 부르는 소리란다." 하였습니다. 그래서 나는 자다가 깨어나서 그 개구리 소리를 들으면 아직도 사랑하는 개구리가 임을 못 찾아서 울고 있구나, 내가 기도를 하여 주어야지 어서 사랑하는 임을 찾으라고. 그래서 자다가 그 개구리 소리가 나면 "왜 짝을 못 찾니? 어서 찾으렴." 하면서 잠을 자게 됩니다.

꿈속에서도 개구리 사랑을 찾아 주려고 들로 산으로 다니면서 날개를 달고 날아다니는 꿈을 많이 꾸었습니다. 간혹가다 개구리 소리 어스름 밤늦도록 울어대다가 갑자기 그 많은 개구리 소리가 멈춥니다. 그러면 나는 속으로 '개구리가 임을 찾았구나.' 하게 됩니다. 그러다가 조금 있으면 모두 합창을 합니다. 온 밤에 관현악이 울려 퍼집니다.

논 가에서 많이 울어대는데 아침이면 어디로 다 갔는지 한 마리도 안 보입니다. 그러다 밤이면 어디서 모여 왔는지 개구리는 합창하는 것입니다. 밤에 개구리 소리가 안 들리면 은근히 그 소리를 기다립니다. 언제 오려나. 하고 그 개구리들이 다 짝을 찾으면 재미없을 것 같습니다. 개구리들이 안 울 테니까요.

여름밤에 개구리 소리가 안 나는 밤이란 생각을 못 해보았거든요. 여름밤이면 별똥별이 하늘에 선을 긋고 재 넘어가고, 달빛은 산 넘어 마실 가고, 별빛만 내 앞마당 와서 나와 같이 놀아 주고, 반딧불은 불 주머니를 달고 다니면서 불을 흘리면서 날아다닙니다.

개구리는 온 하늘 높이 청아한 소리로 합창을 하는 밤엔 나도 별이 되어 날아다닙니다. 이런 개구리 소리가 점점 사라진다고 하니 자연이 주는 즐거움, 싱싱하고 풋풋한 맛을 어디서 찾으랴.

개구리 소리를 노래한 시인의 영혼의 소리를 들었습니다. 그리하여 자연이 준 아름다운 선율을 생각하면은 행복은 삼삼히 배여옵니다.

정해정

* 전남 목포 출생

* 1993년 미주 한국일보 문예공모에서 '시'로 등단.
* 미주 중앙일보신춘문예에서 소설이 당선 되었다.
* 한국 아동문예 아동문학상.가산문학상.고원문학상을 수상하였다.
* 저서로는 동화집 "빛이 내리는집", 수필집 "향기등대", 시집 "꿈꾸는 바람개비"가 있고 동인작품으로 "참좋다", "다섯나무 숲", "사람사는 세상", "재미작가 5인집 스마트 소설집"이 있다.
* 미주 아동문학가 협회 회장 역임.
* 현재 글마루 문학회 회장.
* 미주 가톨릭 문인협회 회장.
* 미주 문인협회 이사.

* hejungla@hanmail.net

나는 유년시절 한반도 남서쪽 끄트머리
'타리'라는 조그만 섬에서 여름철을 지냈다.

여름 밤이었다. 섬의 밤하늘은 유난히 별들이 빼곡히 박혀 자리가 비좁은지 별똥별들이 빗금을 그으며 수도없이 내려온다. 집 앞 바닷가로 내려와 달빛에 반짝이는 자갈들을 별똥별이 떨어진 것이라고 주우러 다닐 때 조용히 밀려와 내 발목을 잡던 순한 밀물을 사랑한다.

울 엄마 은가락지

나는 엄마를 생각하면 가슴이 저리는 아픔이 하나 있다.

나는 일곱째 막내로 쉰둥이다. 엄마는 늘 몸이 약해 아픈 치레를 많이 했다.

그런 엄마의 풍선에 바람이 빠져 버린 듯 쪼글쪼글한 젖을 나는 초등학교 들어갈 때까지 빨았다. 당시 내가 자란 소도시에는 유치원이 하나 있었다. 그 유치원도 그놈의 젖 때문에 갈 수가 없었다.

엄마는 초등학교 입학식 날, 내가 입고 갈 주름치마를 은가락지 낀 주름진 손으로 정성 들여 만지시고 날마다 당신 요 밑에 깔고 주무셨다.

입학식 날이었다.

울타리에 노란 개나리가 만발했다. 하얀 손수건을 가슴에 달고 엄마 손을 잡고 생전 처음 학교 운동장에 들어섰다. 저마다 엄마 손은 잡고 모인 아이들이나, 엄마들도 모두 흥분에 들떠 있었다.

다른 엄마들은 새로 파마를 하고, 원피스나 투피스로 모양을 낸 젊고 예쁜 엄마들이다. 그런데 우리 엄마는 얌전하게 쪽진 머리에 손질이 잘된 명주 한복을 입은 어디로 봐도 할머니다.

그리고 유독 하얀 피부에 주름이 그렇게 많은 것도 처음 보았다. 엄마는 내 곁으로 다가왔다. 손을 꼬옥 붙잡았다. 순간 나는 늙은 엄마가 창피한 마음이 들어서 손을 살짝 빼고 곁으로 숨었다. 엄마는 속도 모르고 더 바짝 붙어서 무슨 말인지 말을 걸었다.

돌아오는 길에 엄마는 내게 말했다.

"아가. 오늘 힘들었지? 업어줄까?" 나는 그것조차 옆 사람이 들을기라도 한 듯 창피했다. 나는 결국 엄마에게 해서는 안 될 말을 뱉고 말았다.

"엄마! 담에는 학교 오지 마! 애들이 할매 라고 놀린단 말야. 할매~ 할매~"

어느새 할매가 된 나는 지금도 그 생각만 하면 내 주름치마를 만지던 주름진 엄마 손가락에 끼워진 은가락지가 생각이나 더 가슴이 저린다.

가만히 손을 들여다 본다.

아! 이 손. 바로 엄마 손이다.

아버지의 눈

내 아버지의 눈은, 쌍꺼풀이 없고, 눈꼬리가 아래로 약간 처졌다. 얼른 보면 선하고 순하게 보이나, 누구도 쉽게 가까이할 수 없는 위엄과 고집이 배어 있는 눈매이기도 하다. 내 가슴에 아버지의 그 눈이 영원히 지워지지 않게 찍혀 버린 것은, 육십 년이 훌쩍 넘었다.

나는 한반도 남쪽 작은 항구 도시 목포에서 어머니가 쉰 살에 일곱째의 막내로 태어났다. 아버지는 '곧은 마음 바다와 같아라.' 하는 뜻으로 내 이름을 '해정(海貞)'이라 짓고 쉰둥이인 나를 유별나게 귀여워했다.

아버지는 평범한 사람이었지만, 신안군 임사도에서 새우어장을 경영하시면서 일본에 수출해 젊은 나이에 엄청난 돈을 벌었다. 아버지는 '남양환'이라는 자가용 배와 호남에서는 최초로 라디오를 가지고 일기예보를 들으며 그 당시 목포에서 온종일 걸리는 거리를 물때 맞추어 서너 시간에 왕래하곤 했다. 또한, 목포에 어업조합을 만들고, 개화기 우리나라 수산업에 앞장을 섰다. 아버지 그늘이 만 리라고, 부근 섬사람들의 생계는 물론 똑똑하고 가난한 아이들을 골라 목포 집에서 학교를 보냈다. 친척들도 서울로, 일본으로 유학을 보내고, 학비며 생활비를 넉넉하게 대주었다.

아버지는 남한의 명사십리라고 불리는 끝도 갓도 없는 모래 벌과 무인도 유인도를 합쳐서 대여섯 개의 섬을 가지고 있었다.

행정상으로는 전라남도 신안군 임자면 태이도, 우리는 이 섬을 〈타리〉라고 부른다. 타리는 아버지의 섬 중에서 크지도 작지도 않은, 중간치의 섬으로, 아버지는 그 섬을 제일 사랑했다. 흩어져 공부하는 친척들에게도 타리는 여름방학을 보내는 아주 좋은 휴양지이기도 했다.

타리섬 남쪽으로 설탕보다 더 고운 모래 벌이 있어 여름철엔 해당화가 만발하고, 섬의 양지바른 남쪽에는 커다란 기와집인 우리 집 뒤쪽으로 조가비를 엎어 놓은 듯 아홉 채의 초가집들이 옹기종기 사이좋게 모여 있다.

섬의 뒤 언덕마루에는 몇백 년이 넘었다는 팽나무가 우람한 모습으로 터줏대감처럼 버티고 서 있다. 건너다보이는 두 무인도 중 한 섬에는 한약재를 심고 염소 한 쌍을 넣었다고 했다.

그것이 불고 불어 나서 몇천 마리가 되었는지, 몇만 마리가 되었는지…

타리 뒷산 언덕에서 건너다보면 구름처럼 몰려다니는 염소 떼들로 섬이 온통 움직이는 꽃밭처럼 보였다. 아버지는 그 광경을 보시기를 참 좋아했다.

내 나이 아홉 살 때, 6·25 사변이 일어났다. 우리 가족은 주변에 사는 친척들과 '남양환'을 타고 그 어디보다 가장 안전하다고 생각한 타리 섬으로 바리바리 싸서 피난을 갔다. 몇 달은 그럭저럭 휴양지로 편히 지냈다.

우리 같은 아이들은 전쟁이라는 것을 전혀 실감 못 했다. 더구나 숙제도 없고, 거기다가 학교까지 안 가니 마냥 즐겁기만 했다. 어렸을 적부터 함께 자란 송아지만 한 사냥개 두 마리, 메리와 세리가 좋은 친구이기도 해서 날마다, 날마다 즐겁기만 했다.

부산하게 아침밥을 먹고 우리 아이들은 여느 날처럼 뒷산 수수밭에 꿩 알을 찾으러 가는데 늘 앞장을 서던 그 녀석들이 그날은 웬지 따라오지를 않는다. 우리는 그날따라 꿩 알은 못 찾고, 산딸기랑 까마중이랑 따 먹고 있는데 어디선가 "타앙! 탕! 탕!" 하는 섬뜩한 소리가 섬을 울린다.

어? 집 쪽이다.

나도 몰래 정신없이 뛰어서 집이 내려다보이는 언덕마루로 갔다. 뭔가 집 주변이 이수선해 보인다. 가슴이 방망이질 친다. 어린 나이에도 무슨 예감이 있었던지 단숨에 구르듯이 집으로 내려왔다. 언덕을 미끄러지듯 내려오는데 동네 아낙 하나가 길을 비키며 다급히 말했다.

"언능가, 봐라……."

국군이 인천을 상륙했다는 소식에 지방 폭도들은 큰 섬을 쑥밭으로 만들었고 그 불똥이 조그만 이 섬에까지 튄 것이다. 팔뚝에 붉은 완장을 두른 청년 두 명이 장총을 들고 처마 밑에 서 있다. 모퉁이를 막 돌아서는데 그 녀석들이 보인다.

아! 메리와 세리가…… 아까 그 총성이 바로……

널브러져 있는 녀석들이 송아지보다 훨씬 크다. 피투성이가 된 메리는 긴 주둥이를 벌리고 이빨을 다 드러낸 채였고, 세리는 순한 눈을 감지도 못하고, 검붉은 피에서는 김이 모락모락 났다. 아직 숨이 끊이지 않은 탓인지 피범벅인 근육이 약간씩 꿈틀거린다. 나는 꿈에서처럼 발이 움직여지지 않는다.

그런데 엄마는 어디 있을까…… .

숨이 쉬어지지 않아 겨우겨우 모퉁이를 돌아섰다.

아! 아! 아버지가…… 우… 우리 아버지가……

깡마른 붉은 완장이 아버지한테 긴 총을 들이대고 있고, 아버지는 등을 돌리고 내 키보다 더 큰 금고에 열쇠를 돌리고 있었다. 한 번도 본 적이 없는 아버지의 저 초라한 뒷모습, 나는 숨이 멎는 것 같다.

"아-부-지-……" 하고 불렀지만, 소리가 나오지 않는다. 꿈에서처럼.

도대체 엄마는 어디 갔을까 도대체 엄마는……

아버지는 금고를 다 열었는지 힘없이 돌아앉는다. 내 눈과 마주쳤다. 그 순간 온몸에 전기가 흐르는 듯 짜릿했다. 아버지는 살짝 미소를 지었다. 지금 가만히 생각해 본다.

그때 그 미소가 무슨 뜻이었을까?

아버지는 힘없이 두 팔을 벌려 내게 오라는 시늉을 했다. 나는 엉겁결에 무릎걸음으로 다가가 품에 안겼다. 따뜻했다. 이것이 나한테는 아버지의 마지막 체온이다. 잠시 후 붉은 완장들에게 호위 되어 아버지는 나룻배를 탔다. 그들은 죽은 메리와 세리도 무겁게 억지로 끌어서 배에 태웠다.

파도 소리와 함께 서서히 멀어져가는 나룻배의 가운데에 선 아버지와 나는 다시 눈이 마주쳤다.

그 눈…… 그 눈…… 아! 그 눈…….

그 눈은 영원히 지워지지 않은 문신처럼 그때 내 가슴에 찍혀버렸나 보다.

아버지만 의지하고 살던 순한 섬사람들이 놀라서 모두 쏟아져 나왔다. 점점 멀어져 가는 나룻배를 멀거니 쳐다보며 감히 항의 한번 못해 보고, 남의 일인 양 구경만 하고 있었다. 그때 진한 홍시 빛깔 노을이 섬과 바다를, 온 세상을 피처럼 덮었다. 어디서 왔는지 거짓말처럼 까마귀 떼들이 마당에 시꺼멓게 내려앉았다.

여기저기서 섬사람들이 수군거렸다.

…… 어젯밤 내내 섬이 울었다고…….

정말 섬이 울었을까?

모두 정신이 들기 시작했는지, 아낙 몇 명이 땅을 치며 통곡하기 시작했다.

우덜은 인자 어찌 살꼬!…… 어찌 살꼬. 우덜은 인자……

정신이 나가서 멍청하게 서 있다가 고개를 돌리니 어디 있다가 왔는지 엄마가 목석처럼 서 있다. 엄마의 얼굴도, 하얀 모시 적삼도 온통 노을에 물들어 홍시 색깔이다. 나는 엄마에게 쓰러질 듯 기댔다. 엄마는 혼까지 홀려버린 듯 허깨비처럼 느껴졌다.

그 뒤, 바로 아버지는 그놈들에게 학살당하고 시체는 바다에 던져졌다.

훗날 어른들을 통해서 안 사실이지만 섬에 들여보낸 붉은 완장들은 외부에서 원정 온 생소한 사람들이었고, 아버지의 죄명은 '악질지주'에서 특별히 '악질' 자를 빼 준, 그냥 '지주'라는 죄명이었다 한다.

더 기가 막힌 것은 아버지가 학살당할 때 아홉 살 된 막내 딸년을 그냥 두고 눈을 감을 수 없으니, 내 재산 다 줄 테니 고 녀석이 열다섯 살 될 때까지만 살게 해달라고 위엄도 자존심도 다 버리고 사정사정했다 한다.

나는 그 얘기를 들으면서 면도칼로 상처를 후벼 파는 듯한 아픔에 치를 떨었다.

아버지의 눈…….

그 눈은 내가 살아오는 동안 손등에 눈물이 마르지 않게도 했지만 언 가슴을 따뜻하게 녹여 주기도 했다. 그리고 바른길을 가르쳐준 눈이기도 하다.

나는 아버지의 눈을 생각한다. 그리고 가만히 불러 본다.

내가 사랑하는 작은 조각들

세월이 흐를수록 사랑하는 것이 많아진다.

나는 유년 시절 한반도 남서쪽 끄트머리 '타리'라는 조그만 섬에서 여름철을 지냈다.

여름밤이었다. 섬의 밤하늘은 유난히 별들이 빼곡히 박혀 자리가 비좁은지 별똥별들이 빗금을 그으며 수도 없이 내려온다.

집 앞 바닷가로 내려와 달빛에 반짝이는 자갈들을 별똥별이 떨어진 것이라고 주우러 다닐 때 조용히 밀려와 내 발목을 잡던 순한 밀물을 사랑한다.

집집이 마당에 모깃불을 피운 풀 내음을 지금도 사랑한다.

추석 무렵 달빛이 바다에 은가루를 흠뻑 쏟아 은물결 넘실거리는데 저 건너 큰 섬에서 번져오는 징 소리를 사랑한다.

바다는 살아있어 쉼 없이 섬을 다독거리는 작은 파도를 사랑한다.

섬의 겨울은 유난히 눈이 많이 온다. 밤새 내린 눈으로 섬은 커다란 눈덩이가 바다에 떠 있는 듯하다.

창문을 드르륵 여니 황금 햇살이 반짝 내 눈을 시리게 했던 고드름.

초등학교 입학식 전날 내가 입고 갈 주름치마를 당신 요 밑에 조심 히 깔고 주무시던 늙은 엄마의 주름진 손가락에 은가락지.

이 모두를 사랑한다.

낙엽이 떨어지듯 세월도 한 잎씩 떨어진다.

살아갈수록 낯이 선 이 땅. 나그네 가슴을 활활 태우는 말리부 해변의 노을. 이름 모를 들꽃.

작년에 생명이 다 했다고 재껴 놓았던 선인장 머리 위에 살며시 피어난 꽃 한 송이에 햇살 한 줄. 싱그러운 아침. 이 또한 사랑한다.

불 난리가 한바탕 지나가고 서서 죽은 새까만 나무에 어느 날 다시 돋은 연두색 새 움. 가슴 설레이며 사랑한다.

영리하고 의리 있다 해서 엉겁결에 이민 온 내 얼굴 닮은 진돗개. 이 땅에 와서 '개 명단'에도 못 들고 그래도 어찌 고향을 잊을소냐 진도 아리랑을 삭이고 있을 것만 같은 그 어진 눈을 사랑한다.

산 너머 구름 너머 소식을 전해주는 우표 한 장을 사랑한다.

홀리 크로스 묘지에 누어 잠들어 있는 남편의 비석 옆에 그의 혼이라도 된 듯 빙글빙글 돌아가는 바람개비를.

할아버지는 하늘나라에 가면서 자동차는 두고 뭘 타고 갔지? 이빨 빠진 외손주.

양민교

* 1944년 서울 출생
* 고려대학교 의과대학 졸업
* 버지니아 주립대학 (VCU) 의과대학 인턴 수료
* 미시간 주립대학 (MSU) 의과대학 소아정신과 수료
* 미국 조지아주 애틀랜타 Cub General Hospital, 소아정신과 과장
* 미국 버지니아 리치몬드 정신과 개업. 현재 은퇴
* 수필집: 주홍색 풍금
* 단편소설: 사계절, 빈들.
* 중편소설: 폭풍에 쓰러지지 않는 나무, 가을에 온 여인.
* 장편소설: 요꼬하마여 안녕
* 워싱턴문학 신인문학상 소설부문 수상
* 미주아동문학가협회 신인상(동시)
* 1969년 미국에 이주하여, 현재 미국 버지니아에 거주.
* minkyoyang@gmail.com

그리운 내 고향, 태어나서 눈 뜨고 본 세상!
나를 가르치고 키워준 아름다운 강산과 사람들은 지금까지 내 몸과 마음에 새겨진 위대한 전설과 교훈이 되었다. 아, 얼마나 자랑스럽고 위대한 것인가! 내가 긴 세월을 타향에서 살며 고난과 위험 속에서도 살아남을 수 있었던 것도 이들 때문이 아니었을까? 나의 삶속에서 함께 호흡하며 가는 길을 인도하고 있다는 생각은 변함이 없다.

흑석동

흙과 강은 모든 것의 시작이고 그 자체가 생명이다.

뚝섬에서 폭넓게 흐르던 한강이 반포에 오면 폭이 좁아지고 동작동에 이르면 방향을 틀면서 급류가 되어 마포 쪽으로 흘러간다. 내가 태어난 곳이 이곳에서 그리 멀지 않다. 중앙대학교로 가는 작은 골목길이 생겨났고 나의 초라한 단층집이 길 아래 있었다.

집 밖을 나가려면 소리가 나는 나무계단을 이용해야만 했다.

놀이터가 없기 때문에 층계를 오를 만한 나이가 되어서야 강가로 나갔다.

강은 이때부터 나의 유일한 친구가 된 것이다.

명수대 밑에는 작은 흰 모래 터가 있었다. 그곳에 앉아 큰 강물이 흘러가는 것을 신기하게 바라보곤 했다. 강물이 모래덕 앞에 몰려와 빙글빙글 돌아서 하류를 향해 흘러갔다. 재미있고 무섭기도 했다.

어린 나는 서서히 강물과 친해져서 다섯 살 즈음에 맨몸으로 강물에 뛰어들었다. 그리고 나는 강과 함께 자랐다. 강을 무던히도 좋아했다. 강이 나에게 주는 참칠한 맛과 냄새는 내 몸속에 차곡차곡 쌓여갔다.

나의 모험심과 두려움이 반반씩 내 맘속에서 자랐다. 참을성과 인내도 배웠다. 나는 이 강물을 수도 없이 마셨다. 처음에는 물속으로 머리를 넣는 것을 두려워하다 보면 원치 않게 꼴깍 물을 마셨다. 차츰 물속으로 잠수를 하면서 마시는 물은 내가 물고기처럼 수영을 배우는 과정이라는 상상을 했던 것이리라. 기어코 어느 날 한강을 건너는 도전을 감행했다. 물론 맨몸으로, 벌거벗은 채로. 마음속에는 강 건너 하얀 모래사장을 밟아 보고 싶은 욕망이 꿈틀거렸다. 강 한복판에 이르렀을 때 발밑으로 느껴진 빠른 조류가 나를 놀라게 했다.

아~ 다시 돌아가야 하나? 머뭇거리는 사이 내 몸이 강 하류로 떠내려갔다. 모래톱에 목표로 삼았던 사람들의 모습이 더욱 작아 보였다. 죽을힘을 다해 나는 물결을 거슬러 수영을 했다. 점점 사람들이 보이고 소리까지 들렸다. 나는 그때 '살았구나!' 하는 안도감이 들자 발아래 모래가 밟혔다. 성공이었다. 그러나 다시 수영하여 돌아가는 것은 엄두가 나지 않았다. 다음 기회로 미루자고 마음을 달랬다. 맨몸으로 사람들 사이를 지나 한강 다리를 건너서 집으로 돌아간다는 것도 만만치 않은 일이었다. 번뜩 '내가 지쳐서 떠내려간다면, 내가 영영 집에 돌아갈 수 없지 않은가?' 하는 생각이 떠오르자 나는 한강 다리를 향해 걸었다. 나를 이상하게 쳐다보는 사람이 없었다.

강을 헤엄쳐 건넜다는 자부심이 나의 어린 가슴을 벅차게 했다. 아무것도 걸치지 않고도 당당히 다리를 건너게 한 것이다. 나는 무사히 집으로 돌아왔다. 전혀 남을 의식하지 않았던 때를 생각하면 지금도 스스로 고소를 금치 못한다. 우리 집 앞에는 곽주부라고 불리는 흰 수염의 노인이 한약방을 경영했다. 어린 나이에 천장에 매달린 누런 봉투를 호기심으로 바라보며 집 가를 돌면 그 노인은 세심히 나를 지켜봤다.

어느 날, 어머니가 동네 친구분과 '곽주부가 우리 애를 잘 키우라고 했다.'라는 말과 '그 아이의 귓밥이 범상치 않게 크다.'라고 이야기하는 소리를 들은 적이 있다.

지금에야 이야기지만, 나는 곽주부의 이 말이 내 생애에 얼마나 가당치 않은 것인지 안다.

그래도 늘 모자라게 살아가는 나에게 은연중에 힘이 되었던 것을 숨기지 않는다. 감사하지 않을 수 없다.

명수대

맑은 물은 생명을 살리고 영혼을 일깨운다.

명수대에는 6·25 때 12명의 중·고교 학생들이 전쟁에 자진하여 참여해서 전쟁 중 산화한 용맹스러운 우리의 영웅들을 기리는 기념탑이 서 있다. 나는 늘 이곳 앞을 지나며 슬퍼했다. 그들을 흠모했다. 그리고 이 젊은이들을 가르치고 전쟁터에서 선봉을 섰던 만주 독립군 장군 김석원 교장을 기렸다. 그분은 '영웅은 영웅을 낳는다.'라는 생각을 나에게 심어주었다.

명수대 앞으로 포장도로가 났다. 장마철에 한강이 범람해서 흑석동 시장을 삼키고 중앙대학교 정문까지 강물이 들어차자 얼마 후에 수문이 세워졌다. 그리고 국군묘지까지 이어지는 포장도로가 생겨났다. 나는 내가 그렇게 사랑하는 강물이 사람들이 사는 아름다운 집들과 장터, 그리고 자연환경을 어떻게 해치는지를 오랫동안 지켜보았다. 어린 마음을 아프게 했다.

우리 집은 이전에 산동네로 이사를 해서 장마를 피했지만. 그 장터에는 내가 좋아하는 작은 연못과 고목이 들어차 경관이 좋은 공원이 있었다. 후일에 내가 다니던 국민학교를 가려면 이 장터와 연못을 꼭 지나야 했다. 학교가 가기 싫을 때 이곳에서 멈춰 시간을 보냈다. 그러면서 나를 달랬다. 장마가 지면 나룻배가 사람과 짐을 날랐다. 내가 좋아하는 엿장수와 강냉이를 튀기는 검은 포차가 이곳에 있었다. 쇠, 구리 그릇을 주면 배가 부를 정도로 엿과 강냉이와 맞바꾸어 먹을 수 있었다.

장맛비가 내리면 산으로 둘러싸인 분지인 흑석동의 낮은 곳으로 빗물이 모이고 한강 뚝이 넘치면 강물이 무섭게도 이곳을 덮쳤다.

노량진과 흑석동이 만나는 언덕에는 일본 적산가옥이 즐비했다. 해방되던 해에 우리 가족은 창이 많고 한강이 내려다보이는 집으로 이사하는 행운을 맞았다. 나는 이 멋지고 말끔한 일본식 집을 좋아했다. 유일한 놀이터인 강가를 벗어나 평평하고 넓은 주택가의 길은 내가 신나게 공을 찰 수 있게 했다. 집집마다 큰 체리 나무가 있어 벚지를 따먹는 재미. 라일락과 목련이 피는 정원은 나의 작은 영혼까지도 푸르게 했다.

동네에서 축구 야구를 하는 이웃을 만났다. 공놀이가 끝나면 점심 저녁을 이웃집에서 먹고 때로는 그 집에서 잠들기도 했다. 목련이 피면 동네가 향기에 홀렸다. 처음 보는 목탄차가 언덕을 넘어왔다.

이런 시간은 오래가지 않았다. 기어코 민족의 비극인 6월 25일 자정에 포성이 울렸다. 중앙대학 야구 합숙 생들이 나와 동생을 업고 다섯 누이와 형, 그리고 부모님을 이끌고 관악산 꼭대기로 임시 피난을 한 것이다. 나와 여동생은 손에 신발을 쥔 채로 선수들의 등에 업혀서……. 이렇게 시작된 피난길은 조치원까지 강행군으로 이어졌다.

옷가지 몇 개와 은수저 하나씩 손에 쥔 우리에게 도로변의 주민들은 정성껏 밥과 잠자리를 베풀어 주셨다. 얼마나 갸륵한 일인가! 그 덕에 조치원에서 간신히 기차 편을 기다릴 수 있었다. 이 와중에 나의 작은 누이가 대합실에서 사라지는 난리가 났다. 온 식구가 별별 원망하며 누이를 찾는 중 마지막 기차가 떠나간 것이다. 기차를 놓친 후에 누나는 돌아왔지만, 마지막 기차를 타지 못한 가족의 울분과 처절함은 말로 표현할 길이 없다.

배고파서 음식을 구하러 갔던 누이. 화장실까지 다녀온 누이는 엄청난 죄책감을 지금까지 잊지 못한다고 했다. 세상은 때로는 전화위복을 낳는 것. 우리가 놓친 기차는 오스트리아 비행기의 오폭으로 기차에 탄 피난민과 철수하는 아군이 몰사했다는 소식을 우리는 곧 듣게 되었고 마지막 기차가 또 하나 있었던 기적을 경험한 것이다. 드럼통에 올라탄 우리 식구의 머리 위로 장병들이 쏴 대는 오줌 폭탄을 맞으면서도 감사한 마음으로 참아 냈다. 욕설과 폭소가 터지고 오금이 저려도 꼼짝 못 하는 가운데 군인들이 던진 담배꽁초로 행여나 불이 나지 않을까 모두가 마음을 졸였다. 불운의 한 나라와 한 가정의 역사이다. 왜? 그랬을까!

감천 바다

바다는 희망을 주나 지배할 수 없다

우리 가족은 부산의 끝자락에서 친척들을 만나 바닷가에 있는 국민학교 건물에서 피난민 생활을 시작했다. 그리고 얼마 후, 우리 가족만 어부의 가정집 방 둘을 얻게 됐다. 나의 철없는 바다 사랑의 시작이다. 밤이면 파도가 밀려와서 양철 지붕을 때렸다. 처음엔 놀라서 잠에서 깨였지만. 바다와의 친분으로 점차 나의 영혼은 살아났다. 믿을 수 없는 희망과 대화의 창구가 되었다. 나는 또래와의 만남도 없이 오로지 눈만 뜨면 맨발로 바다로 나갔다.

차가운 조약돌, 꿈틀거리는 송사리, 발가락을 무는 게, 짠맛의 바다 향취…

나는 아침의 물안개 속의 머나먼 바다 세계를 향하여 멀리멀리 걸었다. 차가운 아침과 하얀 모래가 깔린 해변은 끝없이 나를 반겼다. 어머님이 부르는 외침도 마다하고 바다로 달려갔다.

아이

세상은 늙어가고 한없이 지쳐가는데, 나는 거꾸로 생애를 줄여가며 겁 없는 아이로 돌아간다.

부산의 남쪽 바다 감천은 6살 아이에게는 엄청나게 크고 신비로웠다. 그래도 나의 작은 가슴을 따뜻하게 안아주고 입맞춤을 했다.

아침이면 바닷가 오두막집을 뛰쳐나와 붉은 해가 떠오르는 바다로 달려갔다.

바다는 내 마음처럼 울렁거렸다.

8남매 중 아래로 둘째인 나는 나보다 3살 어린 귀여운 여동생 때문에 형제의 주의를 끌지 못했다. 더구나 큰 형 외에는 모두 여자다. 나는 혼자 밖으로 나돌았다.

우리가 피난 가서 살던 집은 양철 지붕 아래 방이 넷이었다.

주인집과 나의 부모님을 포함해 우리 열 식구가 지내기는 턱도 없이 모자랐다.

바다는 나의 친구, 안방, 그리고 놀이터였다.

나는 차가운 바닷모래 위를 밀려오는 물거품을 차고 밟으며 달렸다. 얼마나 상쾌한 일인가!

멀리 언덕 위에는 키가 큰 두 개의 흰 굴뚝이 높이 솟아 있고 그 아래로 굽은 찻길 위로 영국군 트럭들이 나타났다가 사라졌다.

바다는 나에게 온종일 소일거리였다. 썰물 때는 해파리에 감춰졌던 검은 바위가 드러나고, 그 사이사이에 갇혀 있는 송사리 떼가 배를 뒤집거나 뛰어오르면 반짝이는 이 생명체의 존재가 경이로웠다. 밀물이 올 때까지 이들의 기다림을 나도 은근히 함께했다.

오후가 되면 트럭들이 마을로 들어와 푸른 군복을 입은 군인들을 마을에 내려놓았다. 이들은 '색시 있어.' 하며 집 문을 두들겼다. 여자들이 집안으로 급히 숨었다. 나는 마을에서 더 멀리, 멀리 도망갔다.

바닷가는 어둠이 서둘러 왔다. 밤은 나의 공포의 시간이었다. 바닷물이 넘쳐서 양철지붕을 때렸다. 그 소리는 커다란 금관악기의 높은 키를 치는 것 같았다. 그 소리에 양철지붕은 오래도록 울었다. 나는 그래도 잠들었다.

크리스마스가 가까워지자 영국군 부대는 어딘가로 이동했다.

어느 날 큰 구두를 신은 한 영국군이 내가 있는 바닷가로 다가왔다. 본 적이 없는 그가 두 손을 뒤로 한 채 내 앞에 섰다. 나는 놀라서 숨이 멈추는 것 같았다. 그는 허리를 굽히고 뒤로 했던 손을 내밀고 나에게 빨간 은박지에 쌓인 선물을 건넸다.

그는 나에게 무어라 했다. 나는 벌써 은박지를 열고 있었다. 그 속에는 날씬하고 멋진 푸른색 장난감 자동차 '쟈구아'가 있었다. 나의 미움과 두려움이 사라져갔다.

인수와 누나

배가 고픈 아이는 배가 아프다고 한다. 끼니를 거르는 아이이다.

인수는 내가 사는 동네 끝자락 모퉁이에 살았다. 산에서 내려오는 실개천이 게네 집 앞으로 흘렀다. 비가 오면 물이 넘쳐 그 집 앞마당까지 물이 들어찼다.

인수와 나는 한동갑이다. 한 반이다. 학교에 갈 때나 올 때도 우리는 앞서거니 뒤서거니 한다. 서로 말이 없다. 인수는 늘 나에게 길 양보를 했다. 그리고 끝에는 내 뒤를 쫓았다.

인수는 깡마르고 키가 작다. 머리는 크다. 머리에는 늘 기계총[1]을 달고 산다. 바지는 짧다. 궁둥이에는 다른 색의 천이 기워져 있었다.

방과 후 비가 오는 날은 내가 먼저 인수네 집 근처 실개천에 갔

1 기계총: 머리가 희끗희끗하고 빠지는 머리 피부병

다. 물고기도 없는 데 손을 물속에 넣고 휘저으면 금세 인수가 뛰쳐나왔다. 잠깐 사이에 옷이 물에 젖자, 인수 엄마의 꾸중 소리를 뒤로 듣고 인수는 쏜살같이 집으로 갔다.

우리보다 몇 살 위인 그의 누나가 늘 부엌일을 했다. 누나는 엄마 몰래 누룽지를 치마폭에 넣어 와서 놀고 있는 우리 주머니에 넣고는 했다. 인수의 엄마가 친엄마가 아닌 것을 온 동네 사람이 알고 있었다.

인수의 아버지는 자동차 수리공이었다. 늘 양손에 검은 기름을 묻히고 다녔다. 지나면서 인수 머리를 쓰다듬었다. 몸에서 휘발유 냄새가 났다. 인수의 아버지는 소리만 듣고도 자동차의 어느 곳이 고장이 났는지 알았다. 지나가던 트럭이 고장으로 동네에 서면 인수 아버지가 차 밑에서 작업을 했다. 맘도 좋고 친절했다. 인수 엄마는 나쁜 소문이 돌았다. 두 아이를 학대한다고.

나는 인수 엄마를 피했다.

6·25가 지나서 수복해 집에 돌아온 후, 나는 인수와 꽤 친해졌다. 내가 좋아하는 깡통 차기와 동네의 꼬마들이 모여서 가이생을 할 때, 나는 인수 편에 섰다. 내가 조금 힘이 세고 키가 컸다. 나는 늘 인수 앞에 서서 쳐들어오는 아이를 막았다.

하루는 짱구 태수가 우리 쪽문을 쳐들어올 때 그를 막다가 내 앞니가 부러지기도 했다.

때때로 술래잡기를 할 때, 그는 배가 아프다고 하며 그냥 집으로 갔다.

그는 나보다 더 공부를 못했다.

학예회 때 나는 병사로 뽑혀 한 줄의 대사, "아이고 다리야. 다리가 아프다."를 읊었다. 그러나 인수는 무슨 연고인지 대사 없는 병사로도 뽑히지 못했다. 우리 옆집의 부잣집 아들 방섭이는 호동왕자로 뽑혔다.

내가 여름방학에 지방 친척댁에 가느라 기르는 개미집 병을 인수에게 맡기고 갔다.

돌아왔을 때 그는 울상을 하고 있었다. 개미가 모두 병을 탈출한 것이다. 나는 그를 달랬다.

"야, 나도 여름방학에 집을 떠났잖아. 괜찮아!"

그는 열심히 우리 동네 교회에 나갔다. 누구보다 열심히. 그리고 높은 음을 노래했다.

내가 학교를 전학하고 우리는 헤어졌다. 그를 더 이상 만나지 못했다.

후일, 그의 아버지는 내가 다니던 대학의 교문을 지키는 수위장이 되어 금테를 단 모자를 썼다.

내가 도미한 후, 인수는 신학대학을 나와 시골 목사가 됐다.

누나의 사랑

누나는 나를 사랑했다.

늘 싸우면서 지기만 했다.

지는 것이 사랑인 것을 알았다.

내가 이야기를 나누고자 하는 누나는 8남매 중 여섯째다.

아버지를 따라 부산서 서울로 온 4남매 중 나이가 제일 많았다. 누나는 여러 면에서 우리 셋의 앞장을 섰다. 우리는 누나를 따라 하기에 바빴다.

누나는 호기심이 많았다. 새로운 것에 먼저 눈을 떴다. 그리고 대담하게 따라 했다. 눈치도 빠르고 욕심도 많았다. 자기 것을 소중하게 여겼다. 자기 모습에 신경을 쓰고 부족한 것은 고쳐 나갔다. 누나는 참으로 멋쟁이였다.

부산에 남은 4형제는 고등학교, 대학교를 재학 중이거나 유학을 준비했다.

모두 얼굴이 희고, 조용하며, 얌전하고, 공부를 잘했다.

반면 서울로 올라온 형제 4명은 얼굴이 조금 검다. 천방지축으로 떠들고, 이기심이 많고, 공부를 싫어했다. 노는 것과 마실 다니기를 좋아했다.

나는 이 형제들을 어려운 말로 전후파라 부른다. 반대로 나이 많은 형제들을 전전파로 불렀다.

그럴 만한 이유가 있다. 우리 넷은 자기만을 위해 남이 뭐라 해도 하고 싶은 일을 했다.

부모 말을 거슬려도 좋은 결과를 얻으면 옳다고 우겼다.

나와 누나는 잘 다투었다. 누나는 우선 맛있는 초콜릿을 늘 먹지 않고 몰래 숨겼다. 마른오징어를 나만큼 좋아했다. 물론 나는 그냥 두고 볼 수 없었다. 찾아내어 혼자 먹어 치웠다. 누나는 나에게 화를 내는 대신 모른 척했다.

누나는 내가 좋아하는 만화나 안데르센 동화집을 사 주었다.

버스를 타고 한 시간이 걸리는 영등포 행도 이 누나를 따라나섰다. 누나가 지갑을 도둑맞아 우리는 고생 끝에 집에 돌아왔다. 누나는 만화와 동화집 외에도 적지 않은 돈을 내 손에 쥐어주었다.

어느 겨울이 끝날 때 큰 사달이 났다.

우리 집엔 하나의 스케이트밖에 없었다. 나도 타고 누나도 탔다. 누나는 자기 학교의 대표 선수였다. 누나의 연습 날도 나는 스케이트를 아궁이에 감췄다. 누나는 울지 않고 찾아내어 열심히 연습했다.

경기 날, 우리 식구는 모두 한강 링크로 갔다. 공부만 했던 형도 아버지의 비싼 라이카 카메라를 메고 처음으로 나섰다. 아버지까지 링크로 갔다. 나는 키 큰 참관자들 사이를 뚫고 코앞에서 누나를 지켜보았다.

앗, 웬일일까?

누나가 빠르게 경주하다 갑자기 링크 밖으로 사라졌다. 코너 워크를 못한 것이다.

나는 눈물이 났다. 혼자 훌쩍였다. 누나에게 정말 미안했다.

형이 코트 위에 멘 그 비싼 라이카 사진기도 이때 도둑맞아 잃었다.

한 번도 아버지로부터 꾸중을 들은 적이 없는 형은 화가 나신 아버지에게 생전 처음 뺨을 맞았다. 누나는 그 이후 스케이트를 타지 않았다.

나는 추운 겨울 날씨에도 한강에 나갔다.

달이 뜨면 미친 듯이 멀고 먼 뚝섬 쪽을 향해 달렸다. 말주거리까지 스케이트를 지쳤다.

그래도 선수로 뽑히지 못했다. 빙상은 나의 아름다운 꿈이며 추억으로 남았다.

개뼉다귀 선생님

학교에서 가장 엄하고 무서운 선생님!

그 선생님의 별명은 '개뼉다귀'이었다.

하루는 공부 시작하기 전에 돌연 숙제 검사를 했다.

물론 나는 숙제를 해갔지만, 몇몇은 숙제 안 한 게 발각이 났다.

선생님은 주먹만 한 쇠구슬로 반 전체 학생들 머리에 꿀밤 세례를 주셨다.

나도 그 벌을 받고 닭똥 같은 눈물을 흘렸다.

그날 오후, 선생님은 나를 교무실로 따로 불러 반 아이들 성적을 매기라는 일을 시키시고 끝난 후에 학교 앞 짜장면집에 데리고 가셨다.

선생님은 짜장면 곱빼기를 사 주셨다.

잊지 못할 추억이다.

우리 선생님 중에 가장 장수하시고 추앙을 받은 그 선생님의 소식은 돌아가신 후에 들었다.

겉으로 보기에는 강골이지만 속내는 따뜻한 선생님!

나는 늘 그 선생님을 사모했다.

뺑치

친구, 잊을 수 없는 친구여!

가장 어려웠을 때 내 손을 잡아준 그리운 친구.

한 번도 너에게 말 못 한 감사한 마음을 이렇게 늦게나마 알림을 용서하렴.

휴전 후 서울 집에 돌아오자 나는 더욱 말이 없어졌다.

우선 입학한 국민학교에 적응하지 못했다.

여자 동생을 제외한 형제들은 중고등학교 대학으로 진학했다.

또 다른 형제들은 직장과 유학을 준비하느라 집안은 바삐 돌아가고 활기를 띠었다. 시청에 중견 공무원으로 복귀하신 아버지 덕분에 우리 가정은 조속히 안정을 되찾았다. 어머니는 집 주위 공터에다 닭과 돼지를 사육하여 자식들의 학비를 보탰다.

형제들의 친구가 수시로 집을 들락날락하는 와중에 나는 길 잃은 양처럼 이 방 저 방으로 밀려다니며 또다시 밖으로 돌았다. 닭장으로 돼지우리 곁으로.

그때 뒷동산에서 개미굴을 파는 재미가 생겨났다.

1, 2학년을 뛰어넘어 3학년으로 시작한 나는 점점 공부가 뒤지고 흥미조차 잃어갔다. 나의 머리 좋은 여동생은 공부를 잘하는데 나와는 다른 이유로 아침마다 학교 가기를 거부했다. 온 집안이 동생을 달래서 학교에 보내느라 힘을 뺐다.

나는 반대로 학교에 가다가 장터에서 임으로 실종되어 학교를 결석했다.

어찌어찌하여 6학년을 마칠 즈음에 아버지는 서울의 유명 국민학교로 나를 전학시키셨다.

아버지는 충청도 갑부의 집안에 서자로 태어나 누군가의 도움으로 사립고등학교를 우수한 성적으로 졸업하고 총독부 인사과에 합격하셨다. 그러나 대학의 꿈을 한으로 품고 계셨다. 나의 아버지는 모자란 나의 실력과 재능을 무시하거나 아니면 모르시거나 과대평가하시지 않았나 생각한다.

나의 마지막 국민학교 생활은 비참하고 굴욕적이었다.

내가 속한 우리 반 학생들은 모두 부유하고 상류사회의 아이들이었다. 그리고 상당히 똑똑하게 보였고 이기적이며 교만했다. 잘난 척하는 애들로 가늑 찼다.

그 아이들은 검은 승용차를 타고 학교에 다녔다. 누군가 늘 따라와서 그들을 거들었다. 옷가지도 번듯했다.

나는 공부도 열세인데다 늘 같은 옷을 입고 있었다. 말할 수 없는 모욕감과 열등감으로 끓는 분을 꾹 참았다. 나는 먼 거리를 버스와 전차를 갈아타며 긴 시간을 사람 틈바구니에 끼어 숨을 몰아쉬며 졸기도 하고 넘어지기도 했다.

나는 까딱하면 학교에 가지 않고 극장으로 갔다. 한강으로 갔다. 몰래 극장으로 들어가는 꾀도 배웠다. 아~! 그때 본 영화 중에 〈OK 목장의 결투〉가 생각난다.

겨울에는 한강에서 스케이트를 탔다. 그 쌩쌩 찬 바람도 나를 멈추게 하지 못했다.

이때 빵치가 나를 눈여겨봤다.

그는 먼 친척 집에 얹혀서 학교에 다녔다. 그 집 사람들은 모두 의사였다. 부유했다.

그러나 부모가 없이 자라는 그에게는 아무것도 그를 행복하게 할 수 없었다.

빵치는 내가 학교를 땡땡이치면 학교 과제물을 가지고 나를 찾아왔다. 늘 그랬다.

그는 몹시 추운 겨울에도 양말도 신지 않은 채 맨발로. 그는 나의 영웅이었다.

그는 늘 나의 구원자, 나의 핑계자가 되어주었다.

빵치가 그랬어…. 빵치가 그러라 했어… 등등.

일 년은 금세 지나갔다.

나는 아버지가 바라던 일류 중학에 입학하지 못했다.

빼치는 실업중학교로 갔다. 그리고 우리는 헤어졌다.

나는 그가 오리엔트 카지노에서 일한다는 소식을 들었다.
또 러시아 큰 도시의 카지노에서 일한다는 소식도 들었다.
그가 아프리카 킬리만자로 카지노에서 일한다는 소문도 들었다.
마지막 소식이었다.

의지통 할머님

그리운 내 고향, 태어나서 눈 뜨고 본 세상!

나를 가르치고 키워준 아름다운 강산과 사람들은 지금까지 내 몸과 마음에 새겨진 위대한 전설과 교훈이 되었다. 아, 얼마나 자랑스럽고 위대한 것인가! 내가 긴 세월을 타향에서 살며 고난과 위험 속에서도 살아남을 수 있었던 것도 이들 때문이 아니었을까? 나의 삶 속에서 함께 호흡하며 가는 길을 인도하고 있다는 생각은 변함이 없다.

내 고향 강과 바다, 그리고 산에 대하여 이미 언급한 바 있지만 가장 어렸을 때 내가 바라본 사람은 부모님도 식구 친척도 아닌 한약방 곽주부와 의지통 할머님이다.

내 추측으로는 곽주부와의 인연은 두세 살 때의 일이라 그분이 나의 어렸을 때를 잘 관찰하였을 것이지만, 의지통 할머님은 다르다. 내가 4세부터 8세까지 할머님과의 인연 때문이다. 나는 그

분을 왜 의지통 할머님이라 부르는지 이유를 알지 못한다. 할머님은 아버님의 옛 하숙집 주인이었다. 흑석동에서 상도동으로 가는 길목에 상당히 큰 논을 소유하셨고 미망인이셨다. 아버님이 어머님의 오빠와 함께 할머님 집에서 함께 하숙하셔서 어머님이 오빠 친구인 아버님과 결혼을 하게 되셨다.

나는 의지통 할머님을 나의 친할머니로 알았다. 그리고 논두렁에 늘 앉아 할머님과 일꾼들이 일하는 모습을 지켜봤다. 할머님은 대단하셨다.

일군들과 함께 논을 매고, 점심을 장만하여 머리에 이고 오셔서 일군들과 함께 점심을 잡수셨다. 물론 나도 함께 먹었다. 할머님은 거의 말이 없으신 분으로 기억한다.

그분은 깔끔하셨다. 흰 저고리에 검정 치마를 입으셨다. 나에게는 무한한 자유를 주셨다. 내가 마음대로 논을 휘젓고 다녀도 먼발치에서 지켜보셨고, 꾸중이랑 들어 본 적이 없다. 실은 알고 보면 나의 베이비시터다. 일이 끝나면 나를 이끌고 손을 씻기시며 강정과 과일 등을 주셨다. 말이 없으셔서 그분의 말을 기억하지 못한다. 나는 가장 좋은 할머니 한 분을 어린 나이에 모셨다. 내가 아는 단 한 분의 할머님이다. 그리고 진정 내 할머님이다.

나중에 안 일이지만 할머님의 남편은 일본군에 쌀을 공납하지 않는다고 고문을 당하시고 끝내 총살을 당하셨다고 한다. 할아버님 내외는 알려지지 않은 애국자다.

일제 치하에서 만주의 독립군에게 몰래 쌀을 정기적으로 공급

하셨다고 했다.

나는 내가 할머니 사랑을 받았다는 기억과 또 할머니 부부의 위대한 나라 사랑에 대한 존경과 헌신을 마음속 깊이 지니고 산다

할머님 소유 땅에는 현재 중앙대학교가 서 있다.

홍영순

* 1944년 경기도 양주 출생
* 아동문예문학상 과 고원문학상 수상
* 미주한국아동문학가협회 창립멤버이며 회장 역임
* 저서 : 창작동화집 「우물에서 나온 당나귀」, 「모자바위 살랑바람」
  장편동화집 「팬케이크 굽는 아이들」
* 1989년 미국으로 이주하여 지금 캘리포니아 거주.

* e-mail : sansuyu45@gmail.com

창호지로 새로 문을 바르고, 도배와 장판을 하고, 이엉을 엮어 지붕을 잇고, 나무울타리를 새로 하면 우리집은 세상에서 가장 아름답고 따듯한 집이 되었다.
고향에 가서 초가집에 살고 싶다. 방문에 코스모스 꽃무늬 놓아 창호지를 바르고 싶다.
창호지 문으로 햇빛 들어오는 방에서 글을 쓰고 싶다.

봄

우리 동네는 봄이 오면 개나리꽃과 진달래꽃이 제일 먼저 피었다.

진달래꽃이 피면 학교 갔다 올 때 마을 길로 오지 않고 산길로 왔다. 뒷동산을 넘어오며 진달래꽃을 따 먹기도 하고 책갈피에 넣어 말리기도 했다. 양지바른 산소 앞에 앉아 책을 읽고, 할미꽃으로 족두리도 만들었다.

종달새가 하늘 높이 날며 노래하고, 들에는 사람들이 논과 밭을 갈고 농사를 시작했다.

노란 병아리들은 개나리꽃 울타리 밑에서 삐악삐악 어미를 부르며 종종종 쫓아다녔다.

우리 집에는 배꽃, 벚꽃, 앵두꽃, 자두꽃, 살구꽃, 복숭아꽃들이 피었다. 집집마다 이런 꽃들이 많이 피어서 뒷농산에 올라가 보면 정말 아름다운 꽃동네였다.

봄이 오면 아이들은 어른들보다 더 바빴다.

우리 집 양지바른 언덕에는 삘기가 많았다. 하루에도 몇 번씩 언덕을 오르내리며 삘기를 뽑아 먹으면 보드랍고 달착지근했다.

싱아는 논둑 밭둑에 지천으로 많았다. 그냥 먹어도 맛있는데 화롯불에 구워 먹으면 시고 단 맛이 강해져서 생각만 해도 입안에 침이 고인다. 나는 언니하고 날마다 싱아를 한아름씩 뜯어다가 사랑마루에 앉아 배가 부르도록 먹었다.

찔레도 많이 꺾어 먹었는데, 가끔 찔레 덤불 속에 뱀이 있었다. 찔레 꺾으려고 찔레 덤불 속에 손을 넣다가 뱀을 보고 기절초풍했지만, 찔레순을 보면 그냥 지나치지 못했다.

우리 동네는 봄나물도 참 많았다.

달래, 냉이, 꽃다지, 쇠스랑개비, 잔나물, 돌나물, 소리쟁이, 질경이, 미나리, 쑥……

쑥은 쑥국, 쑥버무리, 쑥털털이, 쑥 개떡을 해 먹었는데 정말 맛있었다. 그 쑥떡 맛을 못 잊어 지금 미국에 살면서도 뒤뜰에 쑥을 심어 놓고 쑥국, 쑥털털이와 쑥개떡을 해 먹는다.

봄에 쑥떡보다 내가 더 좋아했던 음식은 무릇이다. 무릇을 캐서 쑥과 송기를 넣고 큰 가마솥에 종일 고아서 먹었다. 미국에는 무릇이 없어 아쉽다.

들나물이 쇠면 산나물이 나왔다. 우리 뒷동산에도 취, 미역취, 마타리, 원추리, 밀대 같은 산나물이 있었다. 그러나 뒷동산은 나물이 많지 않아서 동네 여인들이 날을 잡아 큰 산(감악산)으로 산나물을 하러 갔다. 큰 산에는 다래순, 오이순, 광대싸리, 고비와 고사리 같은 좋은 나물들이 많았다.

여러 명이 아침 일찍 도시락을 가지고 감악산으로 나물 하러 가면 저녁때 큰 나물 보따리들을 머리에 이고 왔다. 나는 막내 고모와 언니를 따라 꽤 멀리까지 할머니 마중을 갔다.

나는 할머니가 산나물을 하러 가시면 종일 기다렸다. 산나물을 기다리는 게 아니고, 산나물 속에 있는 마싱아(산싱아)를 기다렸다.

산나물을 대청마루에 수북이 쏟아 놓으면 우리 형제들은 마싱아를 골라 먹었다. 마싱아는 큰 산에만 있어서 큰 산나물을 해 와야만 먹을 수 있었다. 할머니도 집에서 기다리는 아이들을 위해 마싱아를 꼭 뜯어 오셨다. 마싱아는 싱아보다 크고 맛있었다.

산나물은 금방 먹기도 하고 삶아서 말려 두고 먹었다.

우리가 어렸을 적에는 이른 봄이면 물오른 버드나무 가지로 버들피리(호드기)를 만들어 불었다. 몇 명이 한꺼번에 버들피리를 삐삐 빼빼 불면 시끄러웠지만, 그때는 버들피리가 우리들의 유일한 악기였다. 버들피리를 밖에서 불면 괜찮은데 집에서 피리를 불면 할머니가 야단을 치셨다.

"집에서 피리 불지 마라. 집에서 피리 불면 뱀 나온다."

나는 뱀이 정말 무섭고 징그러워서 집에서는 피리를 불지 않았다. 지금은 시골에도 뱀이 없다는데, 그때는 성날 산과 들에 뱀이 많았다.

음력 사월 초파일이면 동네 가운데 있는 큰 느티나무에 남자 어른들이 크고 튼튼한 그네를 맸다. 동네 여자들을 위해 남자들이 해주는 연중행사였다.

동네 남자들이 집집마다 다니며 볏짚을 추렴해갔다. 그 짚을 땋아서 길고 튼튼한 그넷줄을 만들어 느티나무에 그네를 맸다.

남자들이 명절 핑계 대며 여자들이 밖에 나와 놀 수 있게 배려해 줬다. 아가씨들이 고운 치맛자락을 펄럭이며 그네 뛸 때는 남자들은 얼씬도 안 했다.

산에 몰래 숨어서 봤는지는 모르지만……

오월에는 아카시아 꽃을 따먹었다. 포도송이처럼 생긴 아카시아 꽃은 향기롭고 맛있었다. 아카시아 꽃가지를 꽃병에 꽂아 놓으면 집 안에 꽃향기가 가득했다. 지금도 해마다 아카시아꽃이 피면 언니와 동생이 아카시아꽃을 사진에 넣어 미국으로 보낸다.

아버지와 함께

꿀꽃

들도 산도 푸르고 싱그러운 봄이었다.

퇴근한 아버지가 나를 업고 들로 나가셨다. 초록색 논둑에는 풀꽃들이 피었고, 맑은 도랑물에는 작은 물고기들이 놀고 있었다.

아버지가 논둑에 핀 보라색 꿀꽃을 따 주셨다. 아버지가 준 작은 꿀꽃을 빨자 향긋하고 달콤한 꿀이 입안에 번졌다. 아버지는 어깨너머로 나를 보시며 행복하게 웃으셨다. 그날 젊고 멋진 우리 아버지는 어린 딸을 업고 춤을 추듯 들썩들썩 몸을 흔들며 싱그러운 논둑을 걸으셨다.

다시 그날로 돌아갈 수 있다면, 보라색 꿀꽃 하나 따서 아버지께 드리고 싶다.

아버지와 버섯 따기

해마다 여름이면 이른 아침에 아버지가 작은 종댕이를 들고 버섯을 따러 가셨다.

어렸을 때는 아버지가 나를 업고 다니셨고, 조금 커서는 걸어갔는데 개울을 건널 때는 아버지가 나를 업고 건너셨다. 꿀꽃을 따주셨던 논둑길로 한 참 가면 큰 개울이 있다. 개울을 건너가면 잣나무 숲이 있었다. 여름이면 그 잣나무 숲에 기와버섯이 많았다. 버섯 색깔이 기와색과 비슷한 푸른색이라 기와버섯이라고 했다. 아침 일찍 가야 밤사이에 올라온 싱싱한 버섯을 딸 수 있다.

이른 아침 잣나무 숲은 참으로 아름답고 신선했다. 싱그러운 아침 햇살이 잣나무 사이로 눈부시게 쏟아져 들어오고, 잣나무 향이 숲에 가득했다. 그 신선한 잣나무 숲에 동그랗고 예쁜 기와버섯이 있었다. 그날 새로 땅속에서 올라온 기와버섯은 파랗고 동그랗고 단단했다. 전날 눈에 안 띄어서 못 딴 버섯은 평평해지고 푸석해서 따지 않았다. 나는 파랗고 동그랗고 예쁜 버섯을 따서 아버지께 드렸다.

아버지는 "좋은 버섯 땄구나!" 하시며 환하게 웃으셨다.

아침 햇살이 찬란하게 쏟아지던 그 신선한 잣나무 숲에서 어린 딸을 데리고 버섯을 따던 아버지가 한없이 그립다. 눈물이 핑 돈다.

아버지와 낚시

아버지는 해 뜰 무렵과 해 질 무렵에 개울 낚시를 좋아하셨다. 우리 집은 산 밑에 있었고, 바로 집 앞에 큰 개울이 있었다. 아버지는 낚시하러 가시면서도 어린 나를 데리고 다니셨다. 아버지는 어린 딸에게 꽤 자상하게 개울 낚시에 관해 설명하셨다.

개울 낚시는 깊은 물에서는 물고기가 잘 안 잡히고, 물이 얕고 물살이 빠르게 흐르는 여울에서 물고기가 잘 잡힌다고 하셨다.

여울 낚시는 해가 떠오를 때와 해가 넘어갈 때 물고기가 잘 잡힌다고 하셨다. 아버지는 아침 낚시를 좋아하셨지만, 쉬는 날에는 해 질 무렵에도 낚시를 하셨다. 낮에는 물고기들이 미끼를 먹으러 오지 않는다고 하셨다. 그래서 나는 물고기들은 점심은 안 먹고 아침과 저녁만 먹는다고 생각했다.

나는 잡은 물고기 그릇을 지키며 개울가에서 아버지가 낚시하는 모습을 봤다. 아버지가 낚싯대를 힘차게 하늘로 낚아채면 버들붕어가 푸른색과 붉은색 비늘을 번쩍이며 펄떡거렸다.

아버지는 낚시가 끝나면 개울물에 물고기를 깨끗이 손질하셨다. 그리고 개울가에서 쑥을 한 움큼 뜯어 손바닥으로 비벼서 손을 씻으시며 나에게 주셨다.

"쑥을 비벼 손을 씻으면 비린내가 안 나니까 씻어봐."

나는 아버지 옆에 쪼그리고 앉아 쑥을 비벼서 손을 씻고 냄새를 맡았다. 물고기 비린내가 하나도 안 나고 향긋한 쑥 냄새가 났다.

낚시를 하고 집에 오면 엄마가 뚝배기에 고추장을 풀고 애호박과 풋고추를 넣어 화롯불에 보글보글 끓이고 계셨다. 아버지는 그 찌개에 버들붕어를 넣고 끓여서 아침을 맛있게 잡수시고 출근하셨다.

아버지가 지금도 고향에서 여울 낚시를 하고 계신다면, 코로나가 무서워도 아버지와 여울 낚시를 하러 한국에 갈 텐데……

여우와 늑대와 호랑이

마당에 온 여우

이른 봄, 창호지 문으로 햇빛이 살포시 들어오고 있었다.

아랫목에는 아기가 잠들었고, 엄마는 색경(거울) 앞에서 머리를 빗고 있었다. 갑자기 바깥마당에서 닭들이 '꼬꼬댁, 꼬꼬댁, 꼬꼬댁……' 소리쳤다.

엄마가 벌떡 일어나 바깥마당으로 뛰어나갔다.

엄마 옆에 앉아 놀던 나는 허방지방 엄마를 따라 뛰어나갔다.

바깥마당에는 모이를 먹던 닭들이 '꼬꼬댁, 꼬꼬댁' 소리치며 이리저리 푸드덕거렸다. 그런데 여우 한 마리가 닭들을 쫓아다녔다.

엄마가 뛰어나가며 소리치자 닭을 물려고 쫓아다니든 여우가 허수간 뒤로 도망갔다.

엄마가 여우를 쫓아 뛰었다.

"엄마! 엄마! 엄마~아!"

내가 울며 엄마를 쫓아가자, 엄마가 도로 뛰어와서 나를 업고 여우를 쫓아갔다.

여우는 도망가다가 큰댁 뒷밭에 있는 닭 한 마리를 물고 뛰었다.

평소에는 조용하던 엄마가 큰 소리로 큰댁 오빠 이름을 불렀다.

"재호야! 재호야! 여우가 닭 물어 간다! 여우가 닭 물어 간다!"

큰댁과 그 옆집에서 작대기와 쇠스랑을 들고 소리 지르며 뛰어나왔다.

닭 한 마리를 물고 뛰어가던 여우가 사람들이 소리를 지르며 쫓아가자 물고 가던 닭을 놓고 도망갔다. 여우는 논과 갱변을 가로질러 개울을 건너더니 넓은 들판으로 계속 달려갔다.

큰댁 아주머니는 여우가 놓고 간 닭을 가지고 가고, 엄마는 나를 업은 채 도망치는 여우를 보고 있었다. 여우가 달리고 또 달리고 멀리 도망쳐서 보이지 않을 때까지.

내가 세 살 때 처음 만난 여우였다.

그 여우는 뒷동산에서 내려왔는데 들판으로 멀리멀리 도망갔으니 어떻게 집을 찾아갔을까?

늑대

밤새 내린 함박눈이 하얗게 쌓인 날이었다.

오빠가 막내 고모와 언니를 데리고 국민학교에 다닐 때였다. 나는 다섯 살이었는데 그때 일이 생생하게 생각난다.

학교 갔다 온 언니가 할머니에게 말했다.

"아침에 셋이서 학교에 가는데 뒷동산에서 새까만 개가 한 마리 어슬렁어슬렁 내려왔어요."

"까만 개가 산에서 내려왔어?" 할머니가 물었다.

"네. 산에서 내려왔어요. 나는 개인 줄 알았는데 오빠가 나를 맨 앞에 세우고, 다음에 고모를 세우고, 맨 뒤에 오빠가 따라오면서 말했어요.

'저건 개가 아니고 늑대야. 빨리 가자.'

내가 무서워서 뛰어가려고 하니까 오빠가 말했어요.

'뛰지 마! 뛰지 마!'

'넘어지지 말고, 울지 말고, 뒤돌아보지 말고 앞만 보고 가.'

나는 금방 무슨 말인지 알았어요. 할머니가 산짐승 만나면 그렇게 하라고 가르쳐 주셨잖아요."

"그래서 아무도 넘어지지 않았냐? 넌 울지 않았어?"

할머니가 언니의 손과 발을 이리저리 살펴보며 말했다.

"넘어지지 않고 울지도 않았어요. 그런데 그 늑대가 계속 우리를 쫓아왔어요. 개울을 건널 때도 어슬렁어슬렁 얼음 위를 걸어서 따라왔어요."

나는 언니 말을 듣자 너무 무서웠다. 그 늑대가 맨 뒤에 가는 오빠를 콱 덮치고 물가 봐 가슴이 조마조마했다.

"나는 무서워서 늑대를 안 봤는데 오빠가 '저놈의 늑대가 계속 따라오네.' 했어요."

"늑대가 학교까지 따라갔냐?" 할머니가 말했다.

"신산리 거진 다 가니까 늑대가 어디로 갔는지 없어졌어요."

"동네에 가면 사람들이 많으니까 도망갔구나!"

할머니 품에서 무서워 떨고 있던 나는 그제야 좀 마음이 놓여 언니에게 물었다.

"언니! 늑대가 아무도 안 물었어?"

"아무도 물진 않았지만, 늑대가 쫓아와서 진짜 무서웠어."

언니는 그때까지도 무서운지 목을 움츠리고 떨었다. 나는 늑대가 숨어있다가 몰래 따라와 울타리 바깥에서 집안을 기웃거리는 것 같아 무서웠다.

"할무니! 그런데 늑대가 왜 우릴 쫓아왔어요?" 언니가 말했다.

"늑대가 배가 고파 산에서 내려왔다가 애들이 가니까 따라간 거야. 너희들이 뛰거나 넘어졌으면 늑대가 덮쳤을 거야. 네 오라비가 똑똑하지 않았으면 큰일 날뻔했다."

할머니는 늑대를 걱정하셨다. 뒷산 여우는 닭은 물어가도 사람은 해치지 않았다. 그런데 잘 나타나지 않던 늑대가 아이들을 쫓아갔기 때문이다.

이 글을 쓰다가 82세인 언니에게 전화했더니, 언니가 그 새까만 늑대 이야기를 하며 울먹였다.

"6·25전쟁 때 오빠가 죽자 나는 그 까만 늑대 생각을 하며 많이 울었어. 오빠도 그때 겨우 열세 살이었는데 얼마나 무서웠을까? 늑대가 따라오는데 맨 뒤에서 무서웠을 생각을 하니 너무 불쌍했어."

호랑이가 무서워

내가 어렸을 때 세상에서 제일 무서운 건 호랑이였다.

그때는 애들이 울면 어른들이 말했다.

"쉬이~ 울지 마! 애들이 울면 호랑이가 온대."

그럼 애들은 꿀꺽꿀꺽 눈물 콧물을 삼키며 억지로 울음을 멈췄다.

특히 겨울밤에는 호랑이가 더 무서웠다. 밤마다 울타리 밖에서 산짐승이 울었고, 아침에 나가 보면 울타리 밖에 산짐승 똥이 여기저기 있었다. 밤에 울타리 밖에 산짐승들이 왔다 간 게 틀림없었다. 나는 무서워서 밤에 잘 수 없었다. 호랑이가 바람처럼 울타리를 넘어와, '어떤 아이를 물어갈까?' 엿보는 것 같았다.

"밤이 오지 말았으면……"

나는 밤이 너무 무서웠다. 그때는 형제들이 한 방에서 같이 잤는데 나는 가운데서 자고 싶었다. 호랑이가 와도 양쪽 끝에 있는 아이를 물어가지 가운데까지 들어와서 물어 갈 것 같지 않았기 때문이다.

내가 가운데 잔다고 하니까 오빠와 언니가 말했다.

"호랑이는 가운데 자는 아이를 물어 간데."

결국, 나는 가운데서도 못 자고 방구석에 웅크리고 앉아 졸았다. 그러나 아침에 깨 보면 누가 나를 이불 속에 눕혀 놓았다. 그것도 호랑이가 물어간다는 맨 가운데서 자고 있었다.

그래도 다행한 것은 잠에서 깨면 아침이었다.

나는 아침이 너무 좋았다. 낮에는 호랑이가 오지 않기 때문이다. 그 후 내가 학교 갈 때까지 할머니가 나를 데리고 주무셨다.

* 나중에 알고 보니 우리 뒷동산은 큰 산이 아니라 호랑이는 없고, 여우, 늑대, 살쾡이가 있었다.

여름

꽃동네를 만들었던 꽃들이 지고 앵두, 버찌, 복숭아, 자두, 살구, 포도가 열렸다.

우리 오 남매는 과일이 빨긋빨긋해지면 따먹기 시작했다.

어른들이 설익은 과일을 먹으면 배 아프다고 했지만, 새콤달콤한 풋과일이 우리를 자꾸 불렀다.

따먹고, 또 따먹고…

밤에 공부하거나 책을 읽다가 출출하면 마당 가에 있는 복숭아나무로 갔다. 컴컴해서 복숭아가 보이지 않으니까 가지 하나 휘어잡고 쭉 훑어다가 다 먹어도 배는 멀쩡했다.

어른들도 배탈 날까 걱정하셨지만 야단치지는 않으셨다.

채마밭에는 감자, 옥수수, 오이, 참외가 있어 푹푹 찌는 삼복더위도 잘 이겨냈다.

옥수수와 감자를 쪄서 먹고, 하루에도 몇 번씩 밭에 들어가 오이를 따먹었다. 참외는 많지 않아서 몇 개씩 따다가 식구들이 둘러앉아 나눠 먹었다.

엄마는 밀떡, 개떡, 장떡을 만들고, 팥푸랭이와 감자푸랭이도 만들어 주셨다.

이렇게 옛날 우리 어렸을 적 간식은 산과 들에서 구하거나 집에서 만들어 먹었다.

그런데 6·25 전쟁 후에 신기한 일이 생겼다.

여름날 남자아이가 나무 상자를 어깨에 메고 와서 소리쳤다.

"아이스께~끼! 아이스께~끼! 아이스께~끼!"

아이스께끼 소리가 들리면 우리 형제들은 빈 병을 들고 뛰어나갔다. '아이스께끼'는 물에다 물감을 풀고 사카린을 넣고 작은 나무막대기를 꽂아 얼린 것이다. 뜨겁고 푹푹 찌는 여름에 그 아이스께끼가 그렇게 달고 시원했다. 다행히 아이스께끼는 싸서 병을 하나만 줘도 몇 개씩 줬다.

개울

여름에 우리 집 앞 개울은 여자아이들의 놀이터였다.

큰 개울이어서 깊은 곳은 어른 키만큼 깊었다.

개울가 갱변은 비가 많이 오면 물에 잠겼다가 물이 빠지면 말랐다. 그래서 나무는 없고 작은 풀들이 자라고, 여름에는 빨간 패랭이꽃이 많이 피었는데 참 예뻤다.

아무리 더운 날도 개울에 가서 미역을 감으면 추워서 입술이 파래지며 덜덜 떨렸다.

미역감다 추워지면 갱변으로 나가서 매끈매끈하고 납작한 돌들을 깔아 놓고 소꿉놀이를 했다.

한참 소꿉놀이를 하면 다시 덥고 땀이 났다. 그럼 다시 개울물로 풍덩 뛰어들어갔다.

개울가 모래를 손으로 파면 개울물이 스며들어 모래 어항이 되었다. 개울에서 고무신으로 송사리나 붕어를 건져서 모래 어항에 넣어두고 물고기들이 헤엄치는 것을 구경했다.

우리 동네 남자애들은 여자애들이 멱감는 곳에는 절대 오지 않았다. 남자아이들은 삼복더위 무더운 날 어디 가서 멱을 감았는지 모르겠다. 동네에서 멀리 떨어진 개울로 갔는지, 아니면 집에서 등물로 더위를 식혔을까?

밤에는 엄마들도 개울에 가서 멱감았는데, 역시 남자들은 여자들이 멱감는 개울 근처에는 얼씬도 안 했다. 그래서인지 여자들은 여기저기서 멱감는 것이 아니고 멱감는 곳이 따로 있었다. 물깊이가 적당하고, 물살도 잔잔하고, 갱변도 안전한 곳이었다.

모깃불과 개똥벌레

여름밤이면 바깥마당에 멍석을 깔고 식구들이 모여 앉았다.

강아지도 멍석 가에 앉았고, 외양간에 있던 소도 더우니까 바깥마당 한쪽 끝에 말뚝을 박고 내다 맸다.

모깃불을 피워도 모기들이 물면 모깃불에 생 쑥을 한아름 더 넣었다.

연기가 확 올라오며 쑥 냄새가 나면 앵앵거리며 달려들던 모기들이 매워서 도망갔다.

옥수수를 먹으며 누워서 하늘을 보면 달은 밝고 별들은 하늘 가득 반짝였다.

어린 동생은 엄마 무릎에 잠들고, 우리 형제들은 어른들의 옛날이야기를 들었다.

강아지는 엎디어 졸다가 괜히 꼬리를 흔들고, 소는 우적우적 풀을 먹다가 오줌을 싸기도 했다.

옛날이야기가 끝날 무렵이면 어느덧 더위는 식고 개똥벌레 세상이 되었다.

수없이 많은 개똥벌레가 작은 불을 깜박이며 마당 가득 날아다녔다.

도대체 그 많은 개똥벌레가 낮에는 어디 있다가 밤이면 모여 춤을 추는 걸까?

바깥마당에만 개똥벌레가 있는 게 아니고, 집 근처 논과 들판에도 온통 개똥벌레 세상이었다.

언니와 나는 개똥벌레를 많이 잡아서 유리병에 넣었다. 방에 불을 끄고 책상에 개똥벌레 병을 올려놓고 책을 폈다. 남폿불 없이도 책을 읽을 수 있기를 바랐는데 글씨가 흐릿해서 잘 보이지 않았다. 밖에 나가 개똥벌레를 다 날려 보냈다.

별똥별

밤이 깊어지면 하늘에서 별똥별들이 수없이 떨어졌다.

어느 날 밤에는 별똥별이 얼마나 많이 쏟아지는지 한참을 세어 봤다.

별똥별 떨어지는 걸 보며 소원을 빌면 이뤄진다고 해서 소원을 빌기도 했다.

별똥별들은 밤하늘에서 떨어지다 눈 깜박할 사이에 공중에서 사라졌다. 그러나 큰 별똥별은 우리 집 앞 갱변까지 와서 떨어졌다.

나는 유난히 큰 별똥별이 떨어진 곳을 잘 봤다가, 다음 날 아침 그 별똥별 찾으러 갱변으로 뛰어갔다. 선생님이 별똥별이 떨어지면 타다 남은 운석이 있다고 했다.

책에서도 이상한 모양과 독특한 색깔의 운석 사진을 봤다. 그런데 전날 밤 큰 별똥별이 떨어진 곳에 운석이 없었다. 샅샅이 뒤졌는데 책에서 본 운석 모양의 돌은 없었다. 그래도 포기하지 못하고 근처를 다 찾다가 좀 이상한 색깔의 작은 돌멩이를 주워 왔다.

운석인지 확실히 몰라서 학교에 가지고 가서 자랑은 하지 못하고 혼자 오래오래 보관했었다.

개구리와 맹꽁이

우리 집 뒤는 아담한 뒷동산이지만, 마당 섶이 논이고, 근처에 논이 많았다.

여름밤이면 밤새도록 개구리들이 '개굴개굴, 개굴개굴, 개굴개굴' 울었다.

개구리들은 밤낮이 바뀌었는지 낮에는 조용하고 밤만 되면 한꺼번에 울었다. 그 많은 논에서 얼마나 많은 개구리가 울었는지 매일 밤 듣는 나도 잠을 설쳤다. 개구리만 운 게 아니고 맹꽁이들도 울었다. 나는 맹꽁이는 모두 '맹꽁! 맹꽁!' 하고 우는지 알았는데, 어느 날 밤 숙제를 하다가 하도 시끄러워 책을 덮고 개구리와 맹꽁이 우는 소리를 들었다. 그런데 바로 우리 집 울타리 옆에서 맹꽁이 한 마리가 '맹' 하고 우니까, 다른 논에서 '꽁' 하고 울었다.

나는 신기해서 몇 번이고, 확인을 했는데 한 마리가 '맹꽁'하는 게 아니고 이쪽에서 '맹' 하면 저쪽에서 '꽁'하고 대답을 했다.

이 글을 쓰다가 혹시 내가 틀렸을까 봐 인터넷을 검색했다. 수컷이 암컷을 부르는 소리인데 수컷은 '맹'만 하고, 암컷은 '꽁'만 한다고 했다. 내가 들은 게 맞았다.

하늘에서 떨어진 미꾸라지

내가 어렸을 땐 물이 있는 곳에는 어디든지 물고기가 우글우글 했다.

개울에는 송사리, 붕어, 버들붕어, 피라미, 모래무지, 미꾸라지. 가재, 새우가 정말 많았다. 우렁이도 많았는데, 특히 돌이 많은 개울 건널목을 맨발로 건너려면 우렁이가 밟혀서 발바닥이 따갑고 아팠다.

봇도랑에는 뱀장어와 메기도 있었다. 들판에 있는 웅덩이에는 새우가 참 많았다. 막내 고모와 언니를 따라가서 체로 웅덩이 풀을 훑으면 작은 새우들이 체 속에서 파닥파닥 뛰었다. 나는 물고기보다 새우나 가재를 좋아했다.

논에 물을 대는 도랑물에도 물고기들이 왔다 갔다 했고, 논에도 물고기들이 있는데 특히 논에서 논으로 연결된 물구멍에는 물고기들이 우글우글했다.

우물에는 송사리와 물방개가 있는데 물을 푸면 송사리가 바가지 안에 들어왔다. 그래서 물을 휘휘 젓고 몇 번씩 다시 물을 푸곤 했다.

뜨거운 여름에 갑자기 소나기가 "쏴~아" 쏟아지고 나면 바깥마당에 미꾸라지들이 떨어졌다.

미꾸라지들은 마당에서 펄떡거리며 꿈틀거려서 온몸에 흙을 뒤집어썼다.

그때 나는 아무리 머리를 갸우뚱거리며 생각해도 알 수 없었다.

미꾸라지는 개울이나 도랑에 사는데 왜 하늘에서 떨어질까?

하늘에도 개울이 있어서 미꾸라지가 살다가 소나기 올 때 따라오는 걸까?

어른들은 비가 올 때 미꾸라지들이 빗줄기를 타고 하늘로 올라갔다가 떨어진다고 했다.

또는 미꾸라지가 물과 함께 회오리바람에 휘말려 하늘로 올라갔다가 떨어진다고도 했다.

미꾸라지는 송사리나 붕어처럼 물에서 헤엄치며 살지 않고 수초나 진흙 속에서 산다. 빗줄기를 타고 하늘로 올라갔다면 미꾸라지가 아니고 송사리나 붕어가 올라가는 게 맞지 않는가?

만일 미꾸라지가 하늘로 올라갔다면 하늘에서 얼마 동안 죽지 않고 살아있다가 떨어지는 걸까?

나는 아직도 우리 집 바깥마당에 떨어지던 미꾸라지가 어디서 어떻게 와서 떨어졌는지 궁금하다.

혹시 지금도 우리 고향에는 여름에 소나기가 오면 하늘에서 미꾸라지가 떨어질까?

학교생활

우리 학교는 경기도 양주군 남면에 있는 남면국민학교다.

학교는 신산리에 있었는데 6·25 전쟁 때 불에 다 탔다.

학교가 없어지자 우리 동네(입암리)에 사랑방 학교가 시작되었다. 마을 사람들이 사랑방을 학교로 내놓은 것이다. 이 집 저 집 사랑방에 학년 별로 모여서 공부를 했다. 전쟁 중이라 학생들이 많지 않아 사랑방 학교를 할 수 있었다. 그 후 우리 동네에 임시학교를 지었다.

나는 전쟁으로 피난 다니다가 일 년 늦게(1952년) 입학 했다.

입학하고 얼마 동안은 교실이 없어서 학교 근처 작은 동산에서 밤나무에 칠판을 걸어 놓고 공부를 했다. 그 기간이 얼마였는지는 생각나지 않지만 얼마 후에 교실로 들어갔다.

1953년 7월 27일, 내가 2학년 때 '휴전협정'을 맺었다. 그리고 3

학년 때 신산리에 있는 불에 탄 남면국민학교를 새로 짓고 이사를 했다. 책상도 걸상도 없었지만, 흙바닥이 아니고 마룻바닥이어서 좋았다.

우리는 미군 부대에서 흘러나온 궤짝 하나씩을 교실에 갖다 놓고 책상으로 썼다. 그 궤짝들은 크기도 다르고, 모양도 다 달랐다. 궤짝을 줄 맞춰 놓으면 들쑥날쑥했다. 궤짝 위에 책과 공책을 펴 놓고 공부를 해도 학교가 있어 좋았다.

그때 학교 조회 시간에 사흘이 멀다고 끔찍하고도 슬픈 소식이 전해졌다.

총알과 대포의 탄피가 놋쇠였는데 고물장사들이 놋쇠를 사거나 엿으로 바꿔 줬다.

전쟁은 휴전됐지만, 전쟁 때 쏜 총과 대포의 탄피가 여기저기 아무렇게나 버려져 있었다.

공부를 끝내고 집에 가던 아이들이 대포알을 보고 이미 터진 거로 생각하고 놋쇠를 분리하다가 폭발을 해서 한 명은 죽고 세 명은 크게 다쳤다는 소식이었다.

며칠 후에 또 다른 소식이 우리를 공포에 떨게 했다. 학생들이 집에 가다가 수류탄을 보고 터진 수류탄인 줄 알고 던졌는데 폭발해서 몇 명이 죽고, 팔다리가 날아갔다고……

우리도 울고 선생님도 울었다.

선생님들은 날마다 우리에게 말했다.

"학교 끝나면 길에서 놀지 말고 곧장 집으로 가라. 총알이나, 대포, 혹은 수류탄을 보면 절대로 만지지 말고 가까운 군인 부대나

경찰서에 신고해라."

선생님들이 아무리 말해도 꽤 오랫동안 사고는 계속되었다.

분유

6·25전쟁으로 모든 게 폐허가 되었다.

피란 다니느라 농사를 제대로 못 지어 먹고살기도 힘들었다.

아이들은 밥을 제대로 먹지 못해 영양실조로 몸이 약했다. 몸에 부스럼이 많이 나고, 눈 다래끼도 자주 났다.

여름만 되면 학질(말라리아)에 걸려 죽을 만큼 아팠다. 학질은 하루는 몹시 아프고 다음 날은 좀 덜 아팠다. 그래서 하루씩 걸러서 앓는다고 '하루거리'라고도 했다. 그때 금계랍이란 무지무지하게 쓴 노란 조그만 알약을 먹었다. 학교도 못 가고 며칠씩 아팠다.

그 무렵 학교에서 분유를 준다고 그릇을 가지고 오라고 했다. 분유는 미국에서 보낸 소 젖을 말린 가루인데 특히 어린이 건강에 좋다고 했다.

나는 엄마가 깨끗하게 빨아 준 광목 자루를 가지고 학교에 갔다. 선생님들이 커다란 드럼통에서 자루 달린 바가지로 분유를 퍼 주었다.

분유가 커다란 광목 자루에 풀썩 쏟아지면서 하얀 가루가 새 나왔다.

분유를 조금 먹어보니 맛이 이상했다. 그래도 미국에서 보낸 것이니까 잘 들고 집에 갔다. 식구들은 자루 속에 분유를 먹어보더니 아무도 먹겠다고 하지 않았다.

분유가 아이들에게 좋다고 하니 엄마는 버리지 않고 양은 도시락 뚜껑에 담아 밥솥에 쪘다. 엄마가 밥솥에 찐 분유는 돌처럼 딱딱했다. 그런데 맛은 분유보다 먹을 만했다. 나는 그걸 들고 다니며 빨아먹고 갉아먹었다. 그런데 참 신기한 건 다른 아이들도 도시락 뚜껑에 찐 딱딱한 분유를 들고 다니며 먹었다. 도시락 뚜껑에 찐 딱딱한 분유를 자꾸 먹으니까 조금씩 맛있어졌다.

전쟁으로 인한 슬픔과 고통도 세월이 지나면서 차차 안정되었다.

책상으로 쓰던 궤짝 대신 진짜 책상과 걸상이 생겼다.

소풍도 가고, 운동회도 하고, 6학년 때는 처음으로 학예회도 했다.

소풍은 버스가 없던 때라 걸어서 갔다. 1~3학년은 가까운 망둥산으로 가고, 4~6학년은 감악산으로 갔다. 감악산은 십 리도 넘는데 해마다 봄가을 소풍을 걸어서 다녔다. 다행히 6학년 때 버스가 생겨서 광릉으로 수학여행을 갔었다.

소풍 도시락은 밥과 떡과 삶은 달걀이었다. 그때는 과자도 음료수도 없었고, 김밥도 없었다. 그래도 언제나 소풍은 전날 밤잠을 설칠 만큼 마냥 기쁘고 즐겁기만 했다.

운동회는 10월 초에 했지만, 여름방학이 끝나고 가을학기가 되면 운동회가 시작되었다.

반 학생들을 청군 백군으로 나누고, 선생님들도 청군 백군으로 나눴다.

옷은 전교생이 다 똑같이 까만 반바지와 하얀 티셔츠를 입었다.

남자아이들은 청색(청군) 모자와 백색(백군) 모자를 썼고, 여자아이들은 청색 머리띠와 백색 머리띠를 했다.

운동회는 다 재미있었지만, 줄다리기, 기마전, 릴레이가 제일 치열했다. 점수도 제일 많았다.

줄다리기는 3판 2승으로 했다.

“이영차, 이영차! 이영차, 이영차!”

구경하는 사람들까지 운동장이 떠나가라 소리를 지르며 젖 먹던 힘까지 다해 줄을 당겼다.

처음에는 학생들만 하다가, 막판에는 자녀들 편을 응원하던 몇몇 학부모들도 뛰어나와서 줄다리기했다.

우리가 이길 때는 좋은데, 질 때는 너무 허망하고 속상했다. 한 번 더 해보면 이길 것 같은데 세 번에 끝나는 게 너무 아쉬웠다. 열 번쯤 했으면 좋겠다고 생각했다.

기마전은 고학년 남학생들이 했는데 말에 탄 학생이 상대편 말에 탄 사람을 말에서 떨어트리는 것이다. 말에 탄 학생들은 장수들처럼 정말 용감했다.

릴레이는 운동회가 끝날 때 했는데 학생도, 선생님도, 부모님도 모두 다 릴레이 계주가 된 것 같았다. 옆에서 같이 뛰기도 하고 운동장이 떠나가라 함성을 질렀다.

운동회 맨 나중에 선생님들 청백 계주를 할 때는 선생님들도 아이들과 똑같았다. 선생님들도 청색, 백색 모자를 쓰고 있는 힘을 다해 뛰었다.

우리는 올림픽 경주를 하듯 정말 열심히 운동회를 했다. 그래서 이기면 공부가 잘되고 행복했고, 지면 한동안 공부도 하기 싫었고 우울했다.

하하하! 지금은 이기고 진 건 하나도 생각 안 나고 모든 게 즐거운 추억뿐인데……

그때 운동회는 학생들의 운동회지만 남면 전체의 운동회였고 잔치였다.

10월 초라 가을걷이로 무척 바쁠 때지만 사람들은 운동회 구경을 왔다. 그래서 동네가 텅텅 비었고 논과 밭에도 일하는 사람이 없었다. 정말 멋진 운동회였다.

학예회는 6학년 때 처음으로 했다.

자세한 생각은 안 나지만 독창과 합창을 하고, 무용도 하고, 연극도 했다.

연극은 6학년 1, 2반이 함께 '단종 애사'를 했다. 나는 가엾은 어린 단종의 비(송비) 역을 했다. 단종이나 송비의 역할은 많지 않았고, 수양대군과 사육신의 역할이 많았다.

수양대군 역을 맡았던 친구가 얼마나 잘했는지 나쁜 역인데도 칭찬을 받았던 생각이 난다.

그때 주인공을 맡았던 친구들 이름이 다 생각난다. 지금은 어디서 어떻게 지내고 있을까?

똑똑하고 멋지던 그 친구들! 지금도 건강하고 멋지게 살고 있기를 바란다.

가장 아름답고 따듯한 집

창호지 문

푹푹 찌던 삼복더위가 지나가면 찬 바람이 불기 전에 방문에 창호지를 새로 발랐다.

햇볕 좋은 날에 할머니와 엄마가 방마다 문짝을 떼어 안마당에 내놓았다. 안방, 윗방, 건넌방, 사랑방 문을 다 떼면 꽤 많았다.

먼저 낡고 칙칙해진 창호지를 뜯어내고 문짝을 깨끗이 닦았다. 나도 문짝에서 낡은 창호지를 뜯어내고 물과 솔로 깨끗이 닦았다.

문짝이 마르면 풀을 쒀서 문살에 바르고 창호지를 반듯하게 잘 붙였다.

퇴창에는 가운데 작은 유리를 붙여서 밖을 내다볼 수 있게 했다.

언니와 나는 말린 코스모스 꽃을 붙이고 그 꽃 위에 창호지를 오려서 덧붙였다.

코스모스 꽃무늬 있는 창호지 문을 방에 달면 얼마나 환하고,

아름다웠던가!

초가지붕 잇기

추수가 끝나면 할아버지는 날마다 바깥마당에서 이엉을 엮으셨다.

노랗고 깨끗한 새 볏짚으로 길게 이엉을 엮어서 둘둘 말아 놓고, 또 이엉을 엮으셨다.

아버지는 공무원이어서 매일 출근을 하시니까 할아버지가 혼자 이엉을 엮으셨다.

그러다 어느 날, 동네 아저씨들이 몇명 와서 할아버지하고 이엉을 엮었다. 그날은 엄마가 그 사람들을 위해 점심과 아침저녁 곁두리를 준비했다.

이엉을 다 엮으면 마지막으로 지붕 마루에 덮을 'ㅅ' 자형 용마름을 엮었다.

모든 준비가 끝나면 일요일에 새로 엮은 이엉으로 초가지붕을 잇는다. 일요일은 아버지가 출근을 안 하시니까 사람들을 데리고 일하셨다.

지붕 맨 밑에서부터 차례차례 위로 올라가며 이엉을 잇는다. 초가지붕은 위로 올라갈수록 서서히 좁혀지며 비스듬히 경사가 진다. 그래서 비가 와도 잘 스며들지 않고 지붕 밑으로 흘러내렸다. 이엉을 다 올리면 지붕 마루에 'ㅅ' 자형으로 엮은 용마름을 잇는다.

나는 아저씨들이 경사진 지붕 위를 걸어 다니며 이엉 잇는 걸 보면 참 신기했다.

'어떻게 떨어지지 않고 경사진 지붕을 돌아다닐까?!'

어른들이 점심 먹을 때 언니가 지붕에 올라가자고 했다. 언니는 성큼성큼 사닥다리를 잘 올라가는데, 유난히 겁이 많은 나는 발발 떨며 언니를 따라 사닥다리를 올라갔다. 드디어 언니가 사닥다리에서 노란 새 지붕 위로 올라갔다. 그러나 나는 도저히 사닥다리에서 지붕으로 올라갈 수 없었다. 언니가 손을 잡아줘서 한 발 지붕으로 올라갔는데 금방 떨어질 것 같았다. 나는 무서워서 얼른 내려오려고 했다. 그러나 사닥다리는 올라갈 때 보다 내려오는 게 더 힘들었다. 뒷걸음으로 내려와야 하기 때문이다. 결국, 밑에서 어른들이 안아 내려줬다.

그렇게 안채 지붕에 이엉을 잇고, 그다음은 사랑채, 그리고 허수간까지 이엉을 잇는다. 이엉을 다 잇고 나면 처마 끝을 단발머리 자르듯 가지런히 잘랐다.

아~! 새로 이엉을 이은 초가집은 얼마나 아름답고, 얼마나 따듯했던가!

우리 집은 가운데 안마당이 있고, 안채와 사랑채가 'ㄱ' 자와 'ㄴ' 자로 되어있어 'ㅁ' 자 집이었다.

바깥마당 건너편에 초가집 허수간이 있었는데 박 넝쿨이 허수간 지붕을 뒤덮었다. 가을이면 허수간 지붕에 하얗고 둥근 박이 많이 열렸다. 커다란 박은 달밤이면 더 둥글고 더 하얗게 보였다. 할아버지는 사랑마루에 목침을 베고 누워 한가로이 한시를 읊으셨다.

도배하기

내가 아주 어렸을 적에는 방바닥에 짚자리를 깔았다. 건넛방에 자리틀을 놓고 할아버지가 짚을 깨끗이 다듬어서 노끈으로 자리를 짰다. 왕골을 심어 고운 돗자리도 만들었다.

그런데 어느 해 엄마와 할머니가 자리를 걷어 밖에 내놓았다. 양회부대를 펴서 방바닥에 바르고, 불린 콩을 갈아서 들기름과 노란 물감을 섞어 광목 자루에 담아 장판에 발랐다. 이걸 콩댐이라고 했는데 장판이 오래가고 반들반들했다. 장판은 거칠던 짚자리보다 매끄럽고 깨끗했다. 국민학교를 다닐 때는 가을이면 장에 가서 장판지와 도배지를 사 왔다. 사 온 장판지는 양회부대 장판보다 더 노랗고 반들반들하고 질기고 좋았다.

그때 도배지는 꽃무늬가 유행이었다. 지금은 그런 꽃무늬는 촌스럽다고 할 것이다. 그러나 그때는 처음 보는 꽃무늬 벽지가 참 예뻐서 나를 행복하게 했다.

도배하려면 먼저 벽과 반자[1]의 묵은 벽지를 떼어낸다.

벽지는 아이들이 낙서해서 지저분하고, 반자는 쥐들이 오줌을 싸서 얼룩지고 더러웠다.

겨울밤 반자는 쥐들의 운동장이었다. 반자에서 쥐들이 찍찍거리며 '우다다 닥' 달리는 소리가 잠을 설치게 했다.

밀가루 풀을 쒀서 얇은 종이로 초벌을 바르고 그 위에다 예쁜 꽃무늬 벽지를 발랐다. 도배할 때는 식구들이 다 같이 해야 빠르고 쉽다. 나도 도배지에 풀칠하거나 도배지 바르는 걸 도왔다.

1 반자 : 천장을 종이나 나무로 평평하게 만든 시설.

방마다 다른 색 벽지로 도배를 했다. 언니와 내가 쓰는 방도 예쁜 꽃무늬 벽지로 도배를 하면 너무 아름다웠다.

창호지로 새로 문을 바르고, 도배와 장판을 하고, 이엉을 엮어 지붕을 잇고, 나무 울타리를 새로 하면 우리 집은 세상에서 가장 아름답고 따듯한 집이 되었다.

고향에 가서 초가집에 살고 싶다. 방문에 코스모스 꽃무늬 놓아 창호지를 바르고 싶다. 창호지 문으로 햇빛 들어오는 방에서 글을 쓰고 싶다.

가을

가을은 풍성하고 아름다운 계절이지만 정말 바빴다.

어른들은 물론이고 노인들과 아이들까지 모두 눈코 뜰 새 없이 바빴다.

고구마 줄기 따고, 들깻잎 따고, 고추 따고, 호박고지와 무말랭이 썰어 말렸다.

참깨 들깨 털고, 고구마 캐고, 밤 따고, 메뚜기도 잡았다.

햅쌀로 송편 만들어 추석 쇠고, 타작하고, 메주 쑤고, 김장하고, 고사 떡도 해 먹었다.

학교에서 가을 소풍 가고, 운동회도 하고, 학예회도 했다.

이 모든 일을 가을에 다 했으니 얼마나 바빴을까?

밤 줍기

양주의 특산물은 밤이다. 밤나무가 참 많았고 알밤이 떨어지면 누구나 주워 먹었다.

우리 집 주위에도 밤나무들이 있었지만, 아침 일찍 밤을 줍지 않으면 다른 아이들이 주워갔다. 그래서 새벽에 밤을 주워오면 밥을 하던 엄마가 밥솥에 쪄 주셨다.

우리 오 남매는 뒷마당에 나란히 밤 구덩이를 팠다. 우리는 알밤을 주워다 먹기도 했지만, 좋은 알밤은 각자 자기 밤 구덩이에 넣었다. 겨울이 되고 모든 것들이 꽝꽝 얼면 우리는 밤 구덩이에서 밤을 꺼내 먹었다. 언 밤은 얼음과자처럼 차갑고 달고 맛있었다.

아무튼, 나는 알밤 줍는 게 그 어떤 놀이보다 재미있었다.

나는 어른이 되고도, 그리고 지금도 가끔 알밤 줍는 꿈을 꾼다.

하루는 밤을 줍던 친구가 말했다.

"수현이는 다른 산으로 밤을 주우러 갔다가 다람쥐 굴을 팠더니 밤이 한 말이나 나왔대. 그래서 그 애는 밤을 주우러 다니지 않고 다람쥐 굴을 파러 다닌데."

"진짜야? 거짓말 아니야?"

"진짜야. 동네에 소문이 다 퍼졌어."

다람쥐 굴에 밤이 한 말이나 있다는 말에 나는 귀가 솔깃했다.

'내가 밤을 한 말 캐 오면 우리 집 식구들이 얼마나 좋아할까?'

나는 호미를 가지고 뒷동산에 가서 밤나무 밑에 있는 다람쥐 굴을 팠다. 땀을 뻘뻘 흘리며 아무리 파도 밤은 한 톨도 없었다. 그 다음 날도 다람쥐 굴을 팠지만 밤은 없었다. 며칠 동안 뒷동산 밤나무 근처의 굴이란 굴은 다 파도 밤은 없었다.

지금 이 글을 쓰면서 혼자 '후 후후!' 웃는다. 밤을 캤다고 다람쥐 굴을 파던 생각이 나서.

그런데 수현이가 다람쥐 굴에서 밤을 한 말 캤다는 말이 진짜였을까?

메뚜기

가을에는 학교 갔다가 동네 길로 오지 않고 혼자 들길로 왔다. 벼가 노랗게 여문 논둑길을 걸어가면 수많은 메뚜기가 포르르 포르르 날아갔다. 내가 앞으로 가는 대로 그 앞에 메뚜기들이 또 포르르 날아갔다. 논에 있던 메뚜기들은 벼 포기 뒤로 요리조리 재빠르게 숨었다.

나는 집에 가다 말고 논둑에 앉았다. 조용하고 평화로웠다.

황금 들판에는 여기저기 밀짚모자 쓴 허수아비가 팔 벌리고 새를 쫓고, 뒷동산에서는 알밤이 떨어지다 밤나무 가지에 부딪히는 소리가 들렸다.

논둑에 가만히 앉아 있으면 놀라서 날아갔던 메뚜기들이 다시 날아와 내 어깨에 앉았다.

저녁때면 이 집 저 집 아이들이 병 하나씩 들고 메뚜기를 잡으러 다녔다. 메뚜기를 많이 잡아서 닭들도 주고 볶아 먹었다. 그 메뚜기가 얼마나 맛있는지는 먹어본 사람들만 알 수 있다.

책상 밑에 밤과 배추꼬랑이

나는 언니하고 윗방에서 같이 자고 공부했다. 책상은 방바닥에 앉아서 공부하는 책상이었다. 가을이면 해마다 그 앉은뱅이책상 밑에 밤과 배추꼬랑이를 널어놨다. 겨울이 깊어 갈수록 책상 밑에 밤과 배추꼬랑이는 새들새들 말랐다. 공부하고 책을 읽다가 새들새들 마른 밤과 배추꼬랑이를 까서 먹으면 더 달고 맛있었다.

내가 어렸을 적에 먹던 양주 밤은 단단하고 껍질이 얇고 달고 고소했다. 그러나 언젠가부터 개량종 밤이 많이 나왔는데, 밤은 크지만 달고 고소한 맛은 떨어졌다.

배추꼬랑이도 요즘 먹는 알 배추는 꼬랑이가 작아서 못 먹고, 내가 어렸을 때 먹던 배춧잎이 긴 조선 배추는 꼬랑이가 크고 맛있었다. 그런데 지금은 한국에도 미국에도 조선 배추가 없어서 배추꼬랑이 맛을 볼 수 없다. 조선 배추로 김장을 하면 시원하고 맛있었는데 왜 안 심을까?

이제 나는 할머니가 되었고, 미국에 산 지 30년이 넘었는데도 나는 해마다 가을이면 밤을 사다가 책상 옆에 널어놓는다. 어릴 때 먹었던 양주 밤만큼 맛있지는 않지만, 새들새들 마른 밤은 여전히 맛있다.

참새 잡기

참새는 추수가 끝난 겨울에 잡았다.

우리 집 건넌방 뒷문 밖에 닭장이 있었다. 그 닭장에 많은 참새가 닭 모이를 먹으러 왔다.

오빠는 닭장 앞에 조개처럼 생긴 조개 발을 막대기로 받혀 놓고 모이를 뿌려 놓았다. 그 막대기에 튼튼한 노끈을 길게 묶어 방안으로 끌어왔다. 우리는 창호지 문에 손가락으로 구멍을 뚫고 숨죽이고 조개 발을 내다봤다.

한 마리, 두 마리, 세 마리 네 마리… 참새가 조개 발 안에 가득해지자 오빠가 힘껏 줄을 잡아당겼다. 막대기가 탁 쓰러지며 커다란 조개 발이 입을 딱 다물었다. 우리는 버선발로 뛰어나가 참새가 도망가지 못하도록 조개 발을 밟고 조심스레 열어봤다.

참새는 한 마리도 없었다.

분명 참새가 많이 잡혔을 줄 알았는데 한 마리도 없다는 게 도저히 믿을 수가 없었다.

언니가 줄을 잡아당겨도 조개 발 안에는 참새가 한 마리도 없었다. 줄을 잡아당길 때 참새들이 포르릉 포르릉 날아가는 걸 보기는 봤다. 그래도 그 많던 참새 중에 몇 마리는 잡힌 줄 알았다. 그런데 한 마리도 없었다.

참새를 잡다 지친 오빠와 언니가 밖으로 나갔다.

나는 혼자 남아 노끈을 꼭 잡고 문구멍으로 조개 발을 내다봤다. 참새들이 마치 '우리를 잡아 봐라!' 약 올리듯 조개 발 안으로 들어갔다.

참새들은 모이를 콕콕 쪼아 먹으며 재잘거렸다. 나는 숨죽이며 새가 좀 더 많이 들어가기를 기다렸다. 드디어 조개 발 안에 참새가 가득해지자 나는 있는 힘을 다해 줄을 잡아당겼다.

탁! 소리를 내며 조개 발이 입을 딱 다물었다.

"아! 몇 마리나 잡혔을까?"

나는 방문을 열고 뛰어나갔다. 조심조심 조개 발을 열어봤다.

아! 참새는 한 마리도 없었다.

오빠는 친구들과 겨울밤에 참새를 잡으러 다녔다.

오빠들은 지게 하나를 가지고 동네 맨 첫 집부터 마지막 우리 집까지 다녔다. 그때 우리 동네 집들은 초가집이었다.

밤에 대문을 두드리며 "새 잡으러 왔어요!" 하면 동네 사람들은 모두 대문을 열어주었다.

우리 집에도 오빠 친구들이 참새를 잡으러 왔다.

나는 오빠들이 참새 잡는 구경을 했다.

오빠들이 플래시(손전등)로 가만가만 초가 지붕을 비췄다.

참새가 지붕 속 참새 굴에서 자고 있었다. 그 밑에 지게를 놓고 오빠가 올라가자, 오빠 친구들이 지게를 붙잡아주었다. 오빠가 참새 굴에 플래시를 확 비췄다. 참새 굴에 플래시를 비추면 참새가 눈이 부셔서 도망가지 못한다고 했다. 정말 오빠가 참새 굴에서 참새를 잡아도 참새는 꼼짝도 못 했다.

이렇게 참새를 잡으면 오빠 친구들이 사이좋게 몇 마리씩 나눠 가지고 집으로 갔다.

다음 날 아침에 오빠가 참새 털을 뽑고 깨끗이 손질해서 소금을 뿌려 화롯불에 구웠다.

고기 중에서 제일 맛있는 고기는 참새고기라고 했다. 그런데 그 맛있는 참새고기는 오빠와 남동생만 먹었다. 언니와 내가 화롯가에 앉아 참새고기 굽는 걸 보고 있으면 할머니가 말씀하셨다.

"계집애들이 참새고기 먹으면 그릇 깬다."

그때 그릇은 질그릇이 많아서 조금만 잘못하면 쉽게 깨졌다. 그래도 내가 참새고기를 먹고 싶어 하면 오빠가 할머니 몰래 참새고기를 줬다. 그 작은 참새고기가 얼마나 맛있던지 지금도 그 맛을 잊을 수 없다.

이 글을 쓰며 언니에게 전화했더니, 언니도 오빠가 참새고기를 몰래 줘서 먹었다고 한다.

할머니도 우리가 몰래 참새고기 먹는 걸 아시면서도 모른 척하셨을 것이다.

나는 참새고기를 먹었지만, 그릇을 잘 깨지 않는다. 역시 아들을 딸보다 좋아하던 때라 맛있는 참새고기를 아들만 먹이려는 어른들의 꼼수였을 것이다.

하루는 막내 고모가 언니하고 눈을 반짝이며 속삭였다.

"참새들이 밤에 우물가 향나무에서 자는 거 봤어. 우리 밤에 가서 잡자."

언니보다 두 살 많은 막내 고모가 말했다.

향나무는 추운 겨울에도 잎이 많아 나무 속이 아늑했다. 그래서 지붕 속에서 자는 참새도 있지만, 향나무 속에서 자는 참새도 있었다.

"어떻게 잡아?" 언니가 물었다.

"플래시를 비추면 참새가 도망가지 못하잖아. 그럼 자는 참새를 손으로 잡아서 자루 속에 넣어서 오면 돼."

"정말 향나무 속에 참새들이 많이 잘까?"

"저녁때 참새들이 향나무 속으로 많이 들어가는 거 봤다니까."

"나도 봤어."

둘이 말하는 걸 옆에서 듣고 있던 내가 말했다. 정말 참새들이 해가 지면 향나무 속으로 들어가는 걸 봤기 때문이다.

"우리끼리 가는 거야. 어른들이나 오빠한테 말하지 마." 고모가 말했다.

"응, 알았어. 우리끼리 참새 잡아서 구워 먹어." 언니가 말했다.

"그럼 오늘 밤에 참새를 잡자." 고모가 말했다.

우와~ 얼마나 신나고 재미있는 일인가!

나는 참새를 많이 잡아서 자루에 넣어 가지고 올 생각을 하니 너무 신났다.

플래시를 비추면 참새들이 눈이 부셔 꼼짝 못 한다니까 감나무에서 감을 따듯 향나무에서 참새들을 잡으면 된다.

그날 밤, 막내 고모와 언니와 나는 쌀자루를 들고 살금살금 바깥마당 옆 우물가로 갔다.

하도 긴장해서 그날 밤에 달이 떴는지 별이 반짝였는지는 생각나지 않는다.

아무튼, 나는 막내 고모와 언니를 따라서 발소리 날까, 숨소리 들릴까 조심하며 살금살금 갔다. 향나무 앞에 오자 고모가 향나무를 향해 플래시를 확 비췄다.

여기저기서 '푸드덕 푸드덕…' 참새들이 날아갔다.

플래시를 비추면 참새가 꼼짝 못 할 줄 알았는데 다 날아갔다. 참새는 한 마리도 못 잡았다.

그 추운 겨울에 우리 셋은 며칠 밤을 우물가로 참새 잡으러 갔다. 그러나 쌀자루에 참새 대신 실망만 가득 담아 가지고 왔다.

여자들끼리 몰래 참새고기를 싫건 먹을 거라고 좋아했는데 한 마리도 못 먹었다.

그나저나 자다가 놀란 참새들은 추운 겨울에 어디 가서 잤을까?

"미안하다. 참새들아!"

눈 오는 소리

나무 타는 냄새가 나더니 방바닥이 따듯 해졌다.

이불을 뒤집어쓴 채 퇴창 유리로 밖을 내다봤다.

밤새 함박눈이 얼마나 많이 왔는지 앞마당에 눈이 수북했다.

언니와 나는 옷을 입고 밖으로 나갔다.

엄마는 아침밥을 하고, 할머니는 사랑방 부엌에서 쇠죽을 쑤고 계셨다.

눈 덮인 하얀 세상은 조용하고 조용했다. 참새도 날지 않았고 닭도 울지 않았다.

우리는 뒷동산에 올라갔다. 뒷동산은 모두 눈 속에 묻힌 채 깊이 잠들어 있었다.

여우도, 다람쥐도, 산새도, 나무도, 바람도……

모두 잠든 뒷동산에 서서 눈 덮인 들판을 내려다보니 한없이 고즈넉했다.

오직 움직이는 건 굴뚝에서 모락모락 올라오는 연기뿐이었다.

한참 싸돌아다니다 땀이 나서 하얀 눈을 먹었는데, 아~! 그 눈은 정말 시원하고 맛있었다.

눈사람

함박눈이 오면 나는 오빠, 언니와 같이 바깥마당에 눈사람 하나씩을 만들었다.

눈썹은 솔가지로 하고, 눈은 새까만 숯으로 하고, 입은 싸리 가지로 하고, 코와 귀는 눈을 꽉꽉 뭉쳐서 만들어 붙였다.

우리들의 눈사람은 크기도 다르고 모양도 조금씩 달랐다. 그런데 지금 생각해보니 우리가 만든 눈사람은 치마를 입은 눈사람이 없었다. 눈으로 치마를 만들기 힘들어서 남자 눈사람만 만들었을까?

내가 아주 어렸을 땐 눈사람도 추워하는 줄 알았다. 그래서 눈이 펑펑 쏟아지고 꽁꽁 얼면 눈사람이 걱정되었다. 그런데 아침에 나가보면 눈사람은 춥지 않은 것처럼 활짝 웃으며 나를 반겨주었다.

팽이와 썰매

겨울에 얼음이 얼면 오빠가 소나무로 팽이를 깎아주었다. 팽이를 깎는 동안 방 안에는 소나무 향이 가득했다.

팽이를 다 깎으면 빨강, 노랑, 파랑 크레용으로 색칠을 했다. 색칠한 팽이를 돌리면 팽글팽글 돌아가며 예쁜 무지개색 팽이가 되었다.

아이들은 동네 가운데 있는 얼음판에 가서 팽이 자랑도 하고 팽이치기시합을 했다. 팽이를 쓰러지지 않게 오래 돌리는 아이가 이기는 것이다.

얼음이 얼면 오빠가 썰매도 만들어 줬다. 아이들이 앉을 만한 나무판자 밑에 양쪽으로 각목을 대고, 그 각목 아래 철사로 날을 만들어 썰매를 만들었다.

나는 썰매 타기를 좋아했다. 동네 가운데 있는 방죽 논에서 썰매를 탔는데 개울보다 넓고 평평해서 좋았다. 방죽 논은 항상 물이 있는 논이라서 겨울에는 넓은 얼음판이 되었다.

동네 아이들이 모여서 썰매 타고, 팽이 치느라고 얼음판은 늘 복작복작하였다.

추우니까 아이들이 논둑에 모닥불을 피워 놓고 불을 쬐었다. 그땐 솜버선을 신고 고무신을 신었는데 버선이 젖으면 모닥불에 말렸다.

연날리기

할아버지는 우리에게 창호지로 방패연과 꼬리연 만드는 법을 가르쳐 주셨다.

나는 방패연보다 꼬리연을 좋아했는데 꼬리를 길게, 길게 만드는 게 좋았다.

아버지는 대추나무를 깎아 얼레를 만들어 주셨고, 할머니는 명주실에 풀을 먹여 연줄을 만들어 주셨다.

주로 정월에 우리 집 언덕에 올라가 들판을 향해 연을 날렸다.

연날리기는 고도의 기술이 필요하다. 연도 잘 만들어야 하지만 바람 방향을 알아야 하고, 얼레를 잘 돌리며 연줄을 감았다가 풀어주기를 잘해야 연이 높이 오래 날 수 있다. 연줄을 조절하지 못해 연이 한순간에 곤두박질치며 떨어져 대추나무나 미루나무에 걸리면 꺼낼 수가 없었다.

내 꼬리연은 곤두박질칠 때도 있었지만, 긴 꼬리를 달고 하늘 높이, 높이 잘 날기도 했다.

윷놀이

정월에는 윷놀이가 제일 재미있었다.

농사철도 아니고 추우니까 가족들이나 친구들이 모여 윷놀이를 했다.

동네 남자들도 날을 잡아 방앗간 마당에 모여 윷놀이를 하였다. 멍석을 깔고 둘러서서 윷놀이하였는데 윷은 장작개비만큼 크게 만들었다. 온 동네가 떠들썩하게 윷놀이를 해서 지는 편이 술과 맛있는 음식들을 대접했다. 우리는 아버지들이 마당에서 윷놀이 하는 걸 구경하는 게 너무나 재미있었다. 윷놀이 끝난 다음에 맛있는 음식을 얻어먹는 것도 좋았다. 윷놀이는 윷을 잘 던져야 하지만, 말을 잘 둬야 이길 수 있다.

우리는 미국에 살지만 해마다 설날이면 가족들이 다 모여 세배를 하고, 떡국을 끓여 먹고 윷놀이를 한다. 미국서 낳고 자란 우리 손녀들도 윷놀이를 좋아한다.

눈 오는 소리

나는 겨울에도 꽃이 피는 미국 캘리포니아 오렌지 카운티에 살고 있다.

눈이 오지 않는 곳에 30년 넘게 살아도 나는 지금도 눈 오는 소리를 안다. 어릴 적 우리 집 나무 울타리에 눈 오는 소리, 뒷마당 장독대에 눈 오는 소리를 안다.

소록소록 오는 눈은 함박눈이고, 사르륵사르륵, 사르륵 내리는 눈은 싸락눈이다.

우박 오는 소리, 진눈깨비 오는 소리도 나는 안다.

고향 집에 가서 나무 울타리와 장독대에 눈 오는 소리를 듣고 싶다.

크리스마스

교회에 처음 간 날

하늘이 새파랗고 화창한 가을날이었다.

어른들이 바깥마당에서 도리깨로 콩을 털고 있었다. 나는 동생과 도리깨에 맞고 멀리 튀어 나간 콩알을 바가지에 주워 담았다. 그때 개울 건너 사는 친구가 가방을 메고 언덕 위에서 나를 불렀다.

"학교 가자."

"선생님이 오늘 학교에 오지 말라고 하셨어."

"아니야. 오늘 학교 가는 날이야. 학교 가자."

나는 어떻게 해야 할지 몰라 식구들을 봤다. 분명 전날 우리 선생님이 내일은 학교 오지 말라고 했기 때문이다.

콩을 털던 우리 식구들이 서로 보며 눈짓하더니 깔깔 웃으며 말했다.

"콩 줍지 않아도 되니까 학교 갔다 와."

그때 신산리에 있던 남면 국민학교는 6·25전쟁으로 불에 다 탔다. 그래서 우리 동네에 임시로 학교를 짓고 공부하고 있었다. 일학년인 친구와 나는 일요일을 잘 이해하지 못했고, 어른들은 일요일이지만 학교가 동네에 있으니까 친구하고 놀러 갔다 오라고 한 것이다.

나는 기분이 떨떠름했지만, 학교에 가려고 했는데 신발이 없었다. 전날 학교 신발장에 둔 고무신이 없어졌기 때문이다. 고무신을 사려면 갓바위 오일장에 가야만 살 수 있었다. 그때는 고무신을 잃어버리면 맨발로 다녀도 창피한 일이 아니었나 보다. 내가 맨발로 학교에 가도 어른들이 아무 말도 안 했다. 나는 맨발로 그 친구랑 학교에 갔는데 아이들이 한 명도 없었다. 둘이서 뻘쭘하니 서 있는데 숙직실에서 우리 선생님이 나오셨다.

"너희들 왜 왔니?"

"……."

우리가 대답을 못 하고 서 있자, 선생님이 환하게 웃으며 말씀하셨다.

"너희들 잘 왔다. 선생님하고 좋은 데 가자."

친구와 나는 선생님을 따라갔는데, 선생님도 내 맨발에 대해선 아무 말도 안 하셨다. 나는 아직도 기억하고 있으니 맨발이 무척 창피했나 보다.

선생님은 동네를 지나고, 능고개를 넘어, 미군 부대 앞을 지나갔다. 한참을 더 가자 면사무소가 있는 퇴기장거리(신산리)가 있었다. 선생님이 어느 집 문을 열자 좀 넓은 봉당이었는데 아이들이 가득했고, 그 앞에서 예쁜 여선생님이 노래를 가르치고 있었다. 그 여선생님이 반갑게 웃으며 인사하자, 우리 선생님이 나하고 친구를 소개하셨다.

그날 우리는 아이들 틈에 끼어 앉아 노래를 배우고 재미있는 이야기를 들었다.

다 끝나고 집에 오는데 우리 선생님이 다음 일요일에도 꼭 오라고 하셨다.

그다음 일요일에 그 친구는 오지 않았다. 나는 선생님과 약속을 했으니까 혼자 학교에 갔다. 우리 선생님이 양복을 입고 숙직실 앞에서 기다리고 있다가 무척 반가워하셨다. 선생님은 나를 데리고 지난주에 갔던 그 집에 갔다.

나는 거기서 처음으로 하나님과 예수님 이야기를 듣게 되었다.

나중에 안 일이지만 그 집은 우리 고향에 처음으로 생긴 개척교회였다.

나는 70년이 지난 지금도 그때 우리 담임선생님의 모습과 성함을 기억하고 있다.

나를 처음으로 교회에 데리고 가신 분은 젊고 멋진 박시환 선생님이셨다. 선생님은 총각 선생님이셨는데 집이 멀어서 혼자 숙직실에 살고 계셨다.

그 후 나는 일요일마다 빠지지 않고 교회에 열심히 다녔다. 다행히 우리 집에서는 내가 교회에 가는 걸 반대하지 않았다.

그다음 해에 신산교회를 지었다. 그때 사람들은 교회를 예배당이라고 했다.

눈에 홀리면

4학년 때, 밤새도록 폭설이 내린 일요일 아침이었다.

내가 교회에 간다고 하자 할머니가 말씀하셨다.

"혼자 갈 수 있겠니?"

나는 머리를 끄덕이고 대문을 나섰다. 지금 생각해보면 참 신기한 일이다. 어떻게 그 큰 동네에 교회에 가는 사람은 나 밖에 아무도 없었을까?

눈 덮인 동네를 지나 능고개에 올라서자, 아~아! 정말 새하얀 눈밖에 없었다.

문제는 밤새 눈보라가 쳐서 들판이 평평해져 어디가 길인지 알 수 없었다. 설상가상으로 해가 뜨자 하얀 눈들이 일제히 반짝이었다. 아름다워서 좋은데 눈이 부시고 현기증이 났다.

여기가 길인가 하고 발을 내딛자 눈 속에 푹 빠졌다. 논이었다. 눈이 가슴까지 찼다.

간신히 논에서 올라와 몇 발 걷자 다시 눈 속으로 푹 빠졌다. 길인 줄 알았는데 도랑이었다. 몇 번이나 눈 속에 빠졌지만 나는 눈을 헤치고 나왔다.

그때 저만치 교회 종탑이 보였다.

교회 종탑을 보고 방향을 잡아, 한 발, 한 발 교회를 향해 갔다.

거대한 눈 세계를 혼자 가기에는 내가 너무 작다는 걸 알았지만 무섭지는 않았다.

교회에 가니 내가 너무 일찍 가서 아무도 없었다. 그때 교회 옆에 사시는 왕호영 선생님이 나를 보시고 깜짝 놀라셨다. 선생님은 3학년 때 담임선생님이셨고 우리 교회 유년 주일학교 부장 선생님이셨다.

"눈이 이렇게 많이 왔는데 어떻게 혼자 왔니?"

선생님은 나를 집으로 데리고 가셨는데 사모님도 우리 학교 선생님이셨다. 신혼이었던 선생님들은 나를 따듯한 아랫목에 앉히고 꽁꽁 언 내 손발을 이불속에 넣어 녹여 주셨다. 그날 사모님이 주신 따듯한 누룽지는 참 맛있었다.

그날 교회 갔다가 집에 오자 할머니가 말씀하셨다.

"너 아부지 못 만났냐?"

"아뇨. 아부지 못 봤는데요."

그때 아버지는 남면 면장이셨고, 그날은 일요일이라 출근하시지 않는 날이었다.

"네가 혼자 가다 눈에 홀리면 길을 잃고 쓰러진다고 내가 따라가라고 했다. 그래서 아부지가 너를 따라갔는데 못 만났구나. 네가 눈에 홀려 길에 쓰러지지 않고 예배당에 잘 갔다 왔으니 하느님이 도우셨다."

나는 이 글을 쓰며 알게 되었다.

그때 눈 속에 빠진 내 손을 잡아서 끌어올리신 분이 주님인 것을…….

그 주님이 지금까지 내 손을 잡고 계셨음을…….

크리스마스

12월 첫째 주 일요일!

우리는 선생님들과 교회 뒷산에서 크고 멋진 소나무를 베어왔다. 소나무를 큰 화분에 세우고 아름답게 장식했다. 하얀 목화솜을 얇게 펴서 소나무에 눈이 온 것처럼 하고, 색종이로 여러 가지 장식품을 만들어 걸었다.

우리가 만든 크고 아름다운 크리스마스트리가 강대상 앞에 세워지면, 그날부터 우리 교회는 기쁘고 행복한 크리스마스가 시작되었다.

우리 교회는 해마다 크리스마스 발표회를 했다.

유년 주일학교 학생들은 밤마다 교회에 모여 크리스마스 발표회 준비를 했다. 우리 집에서 교회에 가려면 오리를 걸어가야 하는데 고개를 넘고, 미군 부대 앞을 지나서 한참 더 가야 했다.

나는 매일 밤 교회에 가서 크리스마스 캐럴을 배우고, 무용과 성극(연극) 연습도 했다.

교회는 마룻바닥인데 나무 때는 난로는 따뜻했고, 남폿불을 켜 놓고 연습을 했다. 크리스마스 발표회 연습이 끝나면 선생님과 친구들이 우리 집까지 바래다주었다. 크리스마스 발표회 연습이 너무 늦게 끝나는 날은 친구나 선생님 집에 가서 자기도 했다. 그때는 방 하나에 여러 식구가 같이 자고 이불도 같이 덮었는데……

나를 재워준 선생님과 친구, 그리고 그 가족분들이 정말 감사하다.

크리스마스 발표회를 생각하면 늘 잊을 수 없는 한 분이 있다.

어느 날 밤, 선생님과 친구들이 사정이 있어 나를 바래다주지 못하고 정태채 권사님이 바래다주셨다. 그 권사님은 추운 겨울밤에 어린 여자아이 하나를 위해 장갑도 없이 남폿불을 들고 우리 집까지 바래다주고 가셨다. 미군 부대 앞을 지나고, 능고개를 넘어 동네 맨 끝에 있는 우리 집까지 오리길을 걸어서……

70년이 지난 지금도 어린아이 하나를 사랑했던 그분을 생각하면 잔잔한 감동이 밀려온다.

'나는 평생 살면서 누구를 이렇게 사랑해 본 적이 있나?' 생각하고 또 생각하게 된다.

크리스마스를 며칠 앞두고 미군 부대 트럭이 우리 교회에 와서 아이들을 태워 갔다. 차에서 내려 건물로 들어가 보니 앞에 무대가 있고, 관중석에는 미군들이 많이 앉아 있었다. 우리는 그동안 배운 고요한 밤 거룩한 밤, 기쁘다 구주 오셨네, 징글벨, 산타클로스 등을 영어로 불렀다.

우리가 캐럴을 부르면 미군들이 손뼉을 치며 환호했나. 멀고 먼 타국의 전쟁터로 온 미군들이 고국에서 가족들과 함께했던 크리스마스가 그리워 그렇게 좋아했을 것이다.

우리의 공연이 끝나면 맛있는 과자와 캔디, 빵과 처음 보는 과일들도 주었다.

새벽송

우리 교회는 크리스마스 전날 밤에 모여 발표회 총연습을 했다. 총연습이 끝나면 새벽송 부르러 갈 준비를 했다. 그때 기도실에서 멋진 산타 할아버지가 커다란 자루를 메고 "호 호 호!" 웃으며 나타났다. 커다란 자루에는 새벽송 다닐 때 형편이 어려운 가정에 줄 선물이 있었다.

때를 맞추어 교회 어른들이 떡국을 끓여줬다. 뜨거운 떡국을 먹고 12시가 되면 새벽송 부르러 다녔다. 차가 없을 때라 이 동네 저 동네 다 걸어서 다녔다. 한 동네에서 다른 동네로 가려면 보통 오리(2km)를 걸어가야 했다.

우리 어렸을 적에는 크리스마스 때 참 추웠는데 따듯한 옷이 없었다. 장갑도 없고, 코트도 없었다. 너무 추워서 덜덜 떨며 새벽송 부르러 가면, 교인들이 대문에 등불을 달아 놓고 기다리고 있다가 함께 캐럴을 불렀다.

어느 집에서 우유를 끓여줘서 뜨거운 우유를 마시자 온몸이 따뜻해졌다. 나는 아무리 춥고 힘들어도 새벽송 부르러 가면 교인들이 예수님 오신 것처럼 기뻐하는 모습이 너무 좋았다.

캐럴을 부르고 "메리 크리스마스! 메리 크리스마스!"를 외칠 때 정말 기뻤다.

서울서 대학을 다닐 때였다. 겨울 방학에도 아르바이트하다가 크리스마스에 집에 갔다.

그런데 새벽에 갑자기 '고요한 밤 거룩한 밤' 캐럴이 들렸다.

'꿈인가? 아니면 하늘에서 천사들의 찬송 소리인가?'

나는 놀라서 대문을 열고 밖으로 나갔다.

아…!!!

고향 교회에서 새벽송을 부르러 온 것이다.

그때까지도 우리 동네는 교회 다니는 사람이 없었고, 나는 고향 교회에 다니지 못했는데……

오직 나 하나를 위해 그 먼길을 걸어와서 새벽송을 부르다니……

나는 하염없이 눈물을 흘리며 캐럴을 따라 불렀다.

"메리 크리스마스! 메리 크리스마스!"

지금도 그날의 감동과 함께 '메리 크리스마스!' 기쁜 함성이 들린다.

크리스마스 발표회

한 달 동안 열심히 연습하고 기다리던 크리스마스가 되었다.

옷과 소품을 직접 다 만드느라 고생도 했지만 그래서 더 아름다운 추억이 되었다.

크리스마스 밤에 발표회를 했는데 교인이 아닌 사람들도 구경을 많이 왔다. 그때 시골에서는 영화나 연극을 볼 수 없었기 때문에 크리스마스 발표회는 인기가 많았다. 교회는 사람들이 많아서 발 디딜 틈이 없었고, 현관까지 사람들이 꽉 찼다. 늦게 온 사람들은 추운데 밖에서 유리창으로 들여다보기도 했다.

먼저 교인들과 구경 온 사람들이 함께 간단한 성탄 예배를 드렸다. 이어서 크리스마스 발표회를 했다. 첫인사는 언제나 어린아이가 했고, 유치부에서 캐럴을 부르고 무용을 했다. 이어서 유년부,

중고등부, 청년부, 장년부, 부서별로 준비한 캐럴과 무용, 연극을 했다.

맨 나중에 교인들과 구경 온 사람들이 다 함께 기쁘게 캐럴을 불렀다.

마치 예수님이 그 자리에 오신 것 같았고, 교회가 천국인 것 같았다.

김정숙

서울 출생으로 물리치료와 영문학을 전공했고 대구 구라선교회 병원과 한국 나병연구원에서 물리치료사로 일했습니다. 목사의 아내이며 경기도립도서관 '덩굴어머니회' 발기회원으로 창작집 발간.

92년 달라스로 가족과 이민. 97년 제 13회 미주 크리스찬 문인협회 동시로 신인상. 99년 한국 아동문학 동시 신인상. 2004년 한국 아동문예 문학상에 동시조 당선. 한국 아동문예작가회 회원, 미주한국아동문학가 협회 회원, 1996년에 시작된 달라스한인문학회 창립멤버.

지역신문인 일요서울에 2012년부터 [시인의 작은 창, 문화산책] 이후 KTN 문화컬럼을 거쳐 지금은 TCN에 [서정숙사모]문화컬럼을 쓰고 있습니다. 달라스 한국학교에 [아동문예사]가 제공한 아동도서 170여권을 기증했고 동심 가득한 달라스를 꿈꾸며 달라스문학과 미주아동문학, 달라스한국학교 교지인 새싹에 동시와 동시조를 발표하고 있습니다.

2018년 10월 동시조집 『이민학교 일학년』을 출간했습니다.

dongsi48@naver.com

흐릿하게 보이는 달이지만

마음속에 있는 달은 환하고 별은 꽃별입니다.

환한 달 고운 꽃별들이 가만히 속삭여 줍니다.

'우리도 아프고 슬프면 운단다.' 「데퉁스런 아이」 중에서

데퉁스러운 아이
1955년 양력설 풍경

눈이 오고 얼다가 어제처럼 오늘도 따듯한 해가 반짝 나니 온 세상이 밝고 환합니다.

멀리 공터의 키 큰 고목이 진눈깨비로 얼었던 가지마다 은색 반짝 종이를 오려 붙인 것처럼 눈이 부십니다. 그 옆의 꼬마 나무에도 잔가지마다 얼음꽃이 활짝 폈습니다. 금가루 은가루를 뿌린 듯 햇빛 따라 신비한 보석 나무가 되었습니다.

내일은 양력설이고 음력으로 오늘은 아버지의 할아버지, 증조부님 제삿날이라고 합니다. 설빔을 차려입은 우리 가족은 큰아버지 댁에 간다고 일찌감치 집을 나섰습니다. 따듯한 해님 덕에 어제부터 동네 집집마다 처마 끝에 고드름이 줄줄이 열렸습니다.

고드름은 키가 땅을 보고 자라면서 아래로만 길어집니다. 키 큰 아이들이 껑충 뛰어오르면 손으로도 딸 수 있을 듯합니다. 빨리 커서 아이들과 놀고 싶은가 봅니다. 남자애들은 고드름으로 칼싸움 놀이를 하기도 하니까요.

봉순네 집 앞에서 봉순이와 동생이 고무줄놀이하며 부르는 노랫소리가 들립니다.

"고드름 고드름 수정 고드름
고드름 따다가 발을 엮어서
각시방 영창에 달아놓아요"

집 앞의 전봇대에 고무줄 한쪽을 묶고 나머지 한쪽은 동생이 발목에 잡고 있습니다. 높이가 낮은 고무줄에 봉순이 발을 걸었다 뺐다 하는 게 보입니다. 다리가 불편해서 늘 깍두기 하던 봉순이는 아이들 없는 아침에 날씨도 푸근해서 연습하나 봅니다.

전차를 오래 타고 큰아버지 댁에 도착했습니다. 큰아버지 댁은 문턱이 높은 개량한옥입니다. 검고 둥근 문고리가 달린 큰 대문을 열고 방과 헛간을 지나 열려있는 유리를 끼운 중문을 지났습니다.

이미 와 있던 친척과 사촌들이 반갑게 주고받는 인사 소리에 안마당 매화나무에 있던 까치 두 마리 후루룩 날아오릅니다. 강아지도 덩달아 왈왈거리며 꼬리로 반깁니다.

"형님, 저희 왔습니다. 형님댁은 장작도 구공탄도 많이 쌓아 놓으셨네요."

"어… 그래, 장작은 기회가 된 김에 한 도라꾸 샀어. 문간방 방둘은 아직 아궁이니까. 겨울은 이제 시작이잖아. 좌우단간에, 마포에서부터 오느라고 모두 고생했네."

상고 단발머리를 싸맨 목도리를 풀고 나와 동생 진수는 대청의 어른들께 허리를 숙이고 깍듯하게 인사를 합니다.

"오냐! 어서 오너라. 너희도 많이 컸구나."

"그래. 이제 오는구나. 넌 설빔으로 깡통 치마를 입은 게야. 아무리 데퉁맞기로서니 설빔인데… 쯧쯧. 칼귀나 덮도록 머리나 길러줄 게지, 남동생 보라고 저리 키운 건지."

찬바람이 쌩 불 듯, 인사를 받는 둥 마는 둥 호랭이 큰엄마는 이내 눈길을 거두는데 작은고모가 거듭니다.

"아니~ 언니, 단발머리가 어때서요. 눈이 커서 겁이 많지만 착해서 남동생 본 거지. 칼귀하고 오뚝한 콧대가 작은오빠를 꼭 빼닮았는데."

누가 내 귀를 볼세라 고개를 숙인 채 돌아섭니다. 슬그머니 아버지 닮았다는 귀를 만져 봅니다. 도톰한 귓불에 쌀알도 올라가겠다는 엄마의 복귀처럼 만들어 보려고 칼귀 끝을 접어 올려 봅니다.

나보다 한 살 어린 큰집 막내 인수는 큰엄마에게 무언가를 달라고 치근댑니다.

"다락문 열고 센베이 세 개만 꺼내라. 바로 앞턱에 있다. 작은고모 사 온 거다. 진수, 민수와 하나씩 먹어라."

"언니는 차암. 통 큰 반장 언니가 오늘은 왜 그러실까. 애들 모두 몇 개씩 더 줘도 돼요. 보자, 내가 꺼내다 줄게."

일본에 공부하러 갔다가 큰아버지를 만나 결혼했다는 큰엄마를 '통 큰 반장'이라고 하며 일어서는 작은고모에게 늘 입이 빠르다는 막내고모가 한소리 합니다.

"평소에는 시키기만 하는 작은언니가 어쩐 일이지. 손수 가지러 가시다니. 조카님들한테 점수 따시겠어요."

큰 부엌만큼이나 큰 다락과 연결된 안방 다락문을 열고 들여다봅니다.

"허허허 여기 먹을 게 많구먼. 다 주어도 되겠네. 자, 오빠와 어른들도 드시고."

듬뿍 꺼내 원형 다과상 위에 놓는 작은고모는,

"자 애들아, 모두 오세요."

작은고모 특유의 걸걸한 목소리로 애들한테도 존댓말을 씁니다.

"부엌에 있는 분들도 드셔요. 음식 끝에 맘 상하면 안 되지."

저마다 환호성을 내며 애들이 모이자 파래가 있는 세모 센베이와 땅콩 박힌 둥근 센베이를 나누어주십니다. 애들 틈에서 꼬리 흔들며 기다리던 강아지도 제 차례라고 낑낑거립니다. 작은고모가 반을 뚝 자르는데 부스러기가 떨어지자 잽싸게 주워 먹고는 바닥만 찾습니다. "자아 여기 있잖아, 옳지. 너도 먹고 애들 따라가거라."

꼬리가 떨어지게 흔드는 강아지는 반쪽을 물고 툇마루 밑 제집으로 들어갑니다. 작은고모 손의 것을 못 보고 바닥만 핥는 강아

지를 바보라고 하하 웃던 막내고모는,

"센베이 한쪽 다 주면 꼬리 떨어지겠네."

아들만 넷인 큰집 부엌살림을 도맡아 하는 연천댁이 행주치마에 손을 닦으며 부엌에서 나옵니다. 부엌문 뒤쪽 우물 펌프의 오촌 아지매들도 또 찬모인 충주댁을 데려온 작은엄마도 모두 환하게 웃으며 반겨줍니다.

"자네 어서 오시게."

"형님 오시느라고 고생하셨어요."

"올 양력설은 날씨가 푹해서 그나마 다행이네요."

"너도 많이 컸구나."

머리 쓰다듬어 주시는 손에서 언뜻 고기 양념 냄새가 납니다.

가족 모두 이북에 있다는 연천댁도 아기 동생 볼을 만지시며,

"요 이쁜 순둥이도 앱혀오느라 힘들었겠네. 먼처 젖 든든히 먹이고 천천히 나오셔요."

하얀 앞 이 두 개가 귀여운 동생은 피부가 희고 순하다고 했습니다.

미리 온 여자 일가친척 어른들은 문긴방 큰 솥 걸린 이궁이로, 광으로, 부엌 뒤쪽의 우물펌프와 장독대로 점심 준비와 저녁 제사 준비로 바쁩니다.

엄마는 동생에게 젖을 먹인 후 내 등에 업혀줍니다. 두꺼운 누비포대기 위쪽을 접어서 끌리지 않도록 단단히 여며 주십니다. 그래도 내 무릎을 덮는 포대기가 맘에 걸리는지 엄마는 혼잣말로 '얇은 포대기를 가져왔으면 좋았을 텐데' 하십니다.

"아기 엉덩이를 손으로 받치고 천천히 조심해서 걸어야 한다."

포대기에 싸인 아기 궁둥이와 내 궁둥이까지 투덕거려 주십니다.

"궁둥이 쪽 치마가 밀려 올라가니까 아기 추스를 때면 한 번씩 치마를 당겨 내리거라 속곳이 보일라."

엄마는 한복 치맛자락을 여민 후 긴 앞치마를 치고 작은 행주치마를 두르셨습니다. 유행하는 곱슬곱슬한 파마머리의 엄마는 복귀라는 귓불이 살짝 보이고 참 예쁩니다.

큰아버지와 아버지, 남자 어른들은 지방 쓸 붓과 먹도 준비하고. 병풍과 제사 돗자리, 제사상과 제기를 챙기십니다. 대청마루의 친척들은 이일 저일 돕기도 하고 두툼한 방석을 깔고 앉아 여러 가지 말씀들을 주고받습니다. 구정에는 시골 할아버지 댁에 가야 할 텐데 쉬지 않는 직장과 기차표 사기 힘든 이야기들을 하십니다.

"해방되기 전에 일본 치하에서는 구정을 억지로 못 쇠게 했지. 구정에 입고 나간 옷에 검은 물감을 뿌리기도 했어."

"산지기 집에 간다고 나가셨던 아버지도 하얀 두루마기에 먹물을 덮어쓰고 오셨지요."

"일제강점기 때 그놈들이 구정이라고 했지, 원래는 우리 설날이잖아요. 그게 아직 남아 공무원들이 음력설에도 일하니 원… 일제의 잔재가 빨리 고쳐져야 할 텐데요."

이제는 양력, 음력으로 각자 설 쇠는 집들이 생기고 우리처럼 설을 둘 다 쇠는 집들도 있으니 조상들도 헷갈리겠다고 하십니다.

막내작은아버지는 제사에 쓸 밤의 겉껍질을 깐 후 밤을 치십니다.

“손 조심하거라. 동생이 친 밤은 ‘깎은 밤 같다’라는 말처럼 닮았어.”

“솜씨가 좋다는 칭찬으로 받을게요. 작은형님.” 두 분은 허허 웃고,

“작은오빠는 어른이 된 막내가 아직도 어리게 보이나 봐요. 손 조심하라 시니.”

흐뭇한 미소로 거드는 막내고모는 놋화로 가까이 앉아 김을 재고 있습니다. 마른 북어 꼬리에 참기름을 찍어 김에 발라서 잘게 다진 소금을 뿌립니다. 참기름 냄새가 고소하고 소금이 화롯불에 튀어 떨어지면 푸른 불꽃이 푸시시 일었다가 사그라집니다.

“언니 한 톳을 다 쟀는데 더 재야 해요?” 막내고모가 큰엄마께 물었습니다.

“그럼, 고모 그거 가지고는 안 되지. 한 톳 더 해도 모자랄까 걱정이네.”

“아구, 이젠 다리, 허리가 아픈데.”

“소반 이리로 발 쭉 뻗어요. 몸뻬로 바꾸어 입었겠다, 진즉 발을 뻗을 게지, 친정 식구들인데 어때서.”

100장 한 톳을 더 건네는 큰엄마,

“작은고모는 김을 장마다 잘 보고 티껌불(티끌) 있으면 조심해서 뜯어내고 막내 고모 주세요. 그게 빨리 끝나야 전을 부쳐요.”

동생 민수는 자기보다도 한두 살, 그리고 여남은 살 많은 여러

사촌과 어울려 마당에서 편을 갈라서 제기 차며 놀고 있습니다. 강아지도 왈왈거리며 덩달아 꼬리를 흔들며 이리 폴짝, 저리 폴짝 뜁니다.

"너는 꼬리로 해볼 테야?"

누군가 던지는 시늉만 했는데도 입을 먼저 벌리고 주저앉는 바람에 아하하하 깔깔 한바탕 웃음판이 벌어집니다.

동생 발이 작다고 아버지가 조금 더 큰 동전을 구해서 술을 많게 만들어 주신 제기는 민수의 보물 1호입니다. 민수는 동네에서도 형들한테 뒤지지 않습니다. 어른들은 "쪼그만 게 승부 근성이 있다."라고 했습니다.

두 살이나 많은 큰집 막내 인수가 민수의 제기를 뺏으려고 해서 싸움이 났습니다. 큰엄마의 호령에 모두 다 대문 밖으로 쫓겨서 나갔습니다.

나도 사촌들이 노는 밖으로 나가고 싶습니다. 대문턱은 높은데 두툼한 포대기로 아기까지 업고 보니 앞이 잘 안 보입니다. 등 뒤에서 아버지의 목소리가 든든합니다.

"발 헛디딜라. 조심해라."

아기 궁둥이 받치고 남은 한 손으로 반쯤 열린 대문을 잡고 높은 문턱을 조심스럽게 넘었습니다. 처음 들어올 때는 못 봤는데 중문 옆 헛간에 시커멓게 벽처럼 쌓인 구공탄을 보며 넘어지면 큰일이겠다 싶습니다.

밖에는 동네 아이들이 여기저기 모여서 사방치기나 자치기 놀이하고 있습니다.

사촌들은 동네 남자아이들과 편을 갈라서 말타기 놀이를 할 모양입니다.

내 동생 민수가 '짱껨뽀'(가위바위보)를 이겼습니다. 사촌들이 '와아!' 환호를 지르자 내 등에 업힌 아기 동생도 고개를 옆으로 제치고 보면서 업힌 채로 발을 구릅니다. 그 바람에 휘청이며 하마터면 넘어질 뻔했습니다.

'짱껨뽀'(가위바위보)에 진 동네 아이들이 말이 되었습니다. 동네 아이 중 마부가 벽에 붙어서 서고 나머지는 양손으로 앞사람의 허리를 잡고 허리를 굽히면 긴말이 됩니다. 큰집 오빠가 정해진 거리에서 뛰어와 마부 가까운 말 등에 가뿐히 올라탑니다.

형들이 다 타고 마지막에 제일 작은 인수가 겨우 매달려서 "형 빨랑 해."외칩니다.

맨 앞에 탄 형이 마부와 가위바위보 하기 전에 누구라도 떨어지면 지게 됩니다. 물론 '짱껨뽀'(가위바위보)를 해서 져도 말이 됩니다.

큰집 오빠가 내 등에서 아기 동생을 쑥 빼더니 어깨에 올려 무동을 태웁니다.

포대기 속에서 갑갑하던 아기 동생은 손뼉을 치며 좋아합니다.

아들만 넷인 큰집이라 여동생이 없는 오빠는 아기 동생이 귀엽다고 양손을 잡고 둥가 둥가 하며 돌아다닙니다. 깨금발 뛰기도 하고 두 손 잡고 짝짜꿍도 시키고 아기는 '까륵 까르륵.' 오빠는 '히히 하하' 강아지는 '왕왕.' 웃는 소리가 합창이 되어 퍼집니다.

처음 하는 놀이라서 아기 동생도 믿음직한 오빠도 둘 다 신이 납니다.

허리가 가벼워진 나도 오빠 따라다니며 오른쪽에서 까꿍! 왼쪽에서 까꿍! 오빠의 오른쪽 왼쪽을 번갈아 돌며 까꿍! 아기 동생을 올려다보며 '얼굴 숨바꼭질'합니다.

오빠와 아기 동생과 내 웃음소리까지 높이 뜬 해님도 덩달아 환하게 웃어줍니다.

나도 오빠처럼 아기 동생을 무동 태워 주고 싶습니다. 빈 포대기를 가슴까지 다시 바짝 조여 매고는 오빠에게 아기 동생을 어깨에 올려 달라고 했습니다. 오빠는 마침 애들이 부르는 소리에 그쪽을 보며 나에게 얼른 얹어주고 뛰어갑니다. 강아지도 질세라 앞서 달려갑니다.

나는 어른들에게 자랑하고 싶었습니다. 고개와 허리를 조금 굽힌 채 아기 동생 양팔을 꼭 잡고 열린 대문 쪽으로 조심조심 걸었습니다. 늘 데퉁맞다고 지청구를 먹다 보니 어른들께 칭찬이 듣고 싶습니다. 특히 큰엄마께 칭찬을 듣고 싶은 마음이 더 컸는지도 모릅니다.

대문까지 천천히 왔습니다. 조심해서 발을 높이 들었는데도 포대기에 싸인 발이 문턱에 걸렸습니다. 한 번 더 발을 드는데 앞으로 고꾸라지며 엎어져서 아기 동생을 놓치고 말았습니다.

기절하게 우는 아기 동생과 집안에서 달려온 어른들. 우르르 모여든 사촌들.

한달음에 먼저 온 엄마가 얼른 아기 동생을 안아 들며

"이걸 어째. 입과 턱이 피범벅이네." 아기 동생은 까무러칠 듯 계속 울어댑니다.

내 가슴에서 다듬잇방망이 소리가 들리고 머리가 어지럽습니다. 겁먹은 큰 눈에 눈물만 그렁그렁 고인 채 멀뚱히 '아기 동생이 피범벅이라니…' 입속말로 중얼거립니다. 걱정과 무서움에 넘어진 채로 까무룩 힘이 빠지고 머리가 무겁습니다.

"너는 어떠니? 세상에 아이 얼굴에 피 좀 봐."

누군가의 소리가 어렴풋하게 들립니다.

"아니 이런! 이마가 깨졌나 보네. 피가 솟아요. 얼른 누가 수건이라도 빨리 가져와요. 빨리! 애 잡겠어. 애가 정신이 없어요!"

먼 데서 아스라하게 들립니다.

낯선 곳입니다. 머리가 욱신거리고 아픕니다. 고개를 움직일 수가 없습니다. 소리내서 울지 않으려고 앙다물었던 온몸의 기운이 손끝 발끝으로 빠져나갔나 봅니다. 바람 빠진 풍선껌이 입술에 찰싹 달라붙듯, 바닥에 붙었는지 몸이 움직이지 않습니다.

잠시 후 아이가 깨어나면 데려가라는 누군가의 말도 어렴풋이 듣고 다시 잠이 들었는데 작은고모와 큰엄마 목소리가 들립니다.

"쯧쯧, 기집애를 데퉁맞게 키워서…"

"언니! 자라는 애한테 언닌 왜 자꾸 그런 말 하죠? 혹시 아버지가 작은오빠 부부를 더 좋아한다고 생각되니 순이가 미워진 거 아니우! 큰오빠는 그 비싼, 아무나 갈 수 없던 일본 유학비를 아버지가 전부 댔어요. 덕분에 언니도 동경에서 만났다면서요. 셋째 오빠도 세브란스의전 양의 공부하는 거 아버지가 생활비까지 다 대주었죠. 그런데 작은오빠는 아버지 뜻 따라 잘 나가던 철도경찰 일 그만두고 아버지 원하시는 대로 한의학 공부했어요. 또 솔직히 결혼도 그래요. 우리 모두 신식 연애결혼했잖아요. 작은오빠만 아버지 친구 딸과 중매 결혼이구. 그러면 작은 올케한테 아버지가 더 마음이 가는 거 당연한 거 아니유. 그래두, 내 알기론 아버지가 작은오빠만 특별히 잘해 준 것도 없어요. 그런데 작은오빠네를 아버지가 더 챙긴다고 생각해요? 순이가 남동생 본 게 못마땅한 거지요. 솔직히 작은오빠가 아들이 없기를 바라던 거 아니었수?"

말에는 청산유수라는 작은고모입니다. 유학해서 유식하다는 큰엄마가 대꾸할 틈도 없이 속사포를 쏟아 놓습니다.

나는 어지럽습니다. '엄마 아버진 지금 어디에 계실까?' 머리가 무겁고 아픈데도 잠든 척 두 분의 이야기를 듣습니다. 그렇구나. 할아버지가 며느리 중에 엄마를 제일 좋아한다는 거는 알 듯도 합니다. 할아버지는 엄마를 늘 '둘째야'라고 부르셨어요. 다른 며느리들은 '진수에미', '현수에미'라고 부르셨거든요. 저절로 눈물이 고입니다.

마침 의사가 들어오니 뭐라고 하려던 큰엄마가 입을 닫았습니다.

"어디 보자, 애야, 정신이 드니? 내 소리가 들리면 눈 좀 떠봐라."

겨우 눈을 뜨며 눈물을 안 보이려고 크게 껌뻑이다가 한 방울

또르르 흘렀습니다.

"눈물이 났구나. 괜찮아 잘 참았어. 아직 아프겠지만 그렇게 눈을 뜨니 이제 집에 가도 되겠다. 넌 이마가 훤하고 잘 생겨서 꿰맨 자리도 잘 나을 거야 앞 단발도 잘했네. 우선은 흉터가 가리어질 거구 자라면서 흉터는 줄어들 거다."

머리가 울려서 겨우 나오는 모깃소리로,

"아기 동생은요?"

"아기는 입술만 조금 터져서 천만다행이지. 아랫니가 윗잇몸을 찔러서 잇몸에 구멍이 났지만 그래도 심하지 않아. 동생을 걱정했구나."

"잇몸에 구멍?"

금방 눈물이 터질까 봐 입만 달싹거리듯 물었는데도 선생님은,

"아기들 상처는 금방 아문단다. 염려 말거라. 이도 잘 날 거야."

의사 선생님이 괜찮다고 해서 안심이 되지만 아기 동생이 얼마나 아팠을지 저절로 눈물이 고이고 가슴에 큰 돌을 얹은 듯합니다. 숨을 몰아쉬니 머리가 더 아픕니다.

병원에서 큰아버지 댁에 온 후, 아버지 엄마가 데퉁맞은 나 때문에 얼마나 부끄러우실까 조그만 소리로,

"아버지 잘 못 했어요."

"아니다 아기는 내가 데리고 있고 넌 애들과 같이 놀라고 해야 했는데, 아버지가 잘못한 거 같구나. 아기는 다행히 신경을 건드린 게 아니라서 이빨도 잘 날 거라니 아무 염려 말고 푹 자거라."

아버지도 친척들 보기 부끄러웠을 텐데 도리어 미안해하십니다. 꼬옥 잡아주시던 두툼한 손이 더 따듯합니다.

큰집 오빠가 아래채 방으로 들어왔습니다. 이마에 칭칭 붕대를 감은 나를 안쓰럽게 보고는 눈을 떨군 채 목소리가 떨립니다.

"작은아버지 제 잘못이에요. 제가 먼저 아기를 무동 태워 주었거든요. 그런데 애들이 불러서 빨랑가려고… 아기를 급히 어깨에 얹어주고 그냥 가서 그랬어요. 근데도 엄마는 자꾸만 …"

"아기를 무동 태워 주고 싶어서 올려달라고 했다던 걸. 네 잘못 아니다."

아버지는 울먹이는 오빠의 등을 토닥여 주신 후 머리를 쓰다듬어 주십니다.

"얼른 이제 제사상 차릴 준비들 하게나. 서둘러야겠어. 그믐에 큰 액땜 했네. 일곱 살짜리가 아기 동생 무동을 태우다니 쯧쯧. 데퉁맞은 게 간도 커요. 어떻게 키워 그런지."

여전히 근엄한 큰엄마 소리에 이어 누군가 두 사람의 나직한 소리가 들립니다.

"음력이라야 그믐이지, 양력에 무슨 그믐이라고 하시나. 그리고 사실 대문턱도 높아."

"그러게 말이지. 그리고 저 어린 게 아프다고 보채지도 않으니 잘 키운 게지. 이마를 열 바늘도 넘게 꿰맸다고 하더구먼."

늦게 도착하신 둘째 고모부가 아래채 분합문을 열고 들어오십니다.

"형님도 많이 놀라셨죠. 아이들 둘 다 그만하기 다행입니다."

한쪽에 눕혀 논, 쌕쌕 잠이든 아기 동생을 들여다보신 후 이불깃을 여며 주십니다.

방바닥도 따듯한지 여기저기 손바닥으로 만져 보십니다.

"방마다 모두 구공탄 아궁이로 바꾸셨다고 들었는데 이 방도 고루고루 따듯하네요."

"자네가 지프를 보낸 덕에 애들을 빨리 병원으로 데려갈 수 있었네. 고마우이."

"형님도 별말씀을요. 신정연휴라서 시발자동차 불러도 연락이 안 된다고 애들 고모가 연락했더라고요. 그러고 더 잘 된 건 신정연휴라서 군 병원 찝차를 쉽게 허락받고 쓸 수 있었죠. 그래도 뭐니 뭐니 큰형님 댁에 전화가 있으니 연락이 빨랐던 거죠."

유엔군에 복무하는 자상한 둘째고모부는 육이오전쟁 때 헤어진 부모와 가족 모두 돌아가셨다고 했습니다. 우리 할아버지를 아버지처럼, 우리 아버지를 친형님처럼 따른다고 하십니다. 큰아버지도 아버지도 가끔은 친동생처럼 고모부 이름을 부르십니다.

"큰엄마가 널 또 데퉁맞다고 하시더구나 조심스럽게 잘 크라고 하는 말씀이야. 섭섭해하지 말거라. 넌 참을성이 많고 착하지. 네가 어릴 적부터 나는 너를 잘 알아요. 그런데 너는 아까도 울지를 않았다며? 아프고 무서우면 울어도 괜찮아. 울고 나면 덜 아프기도 하난나. 어른들도 울어요. 군인 아저씨들도 아프면 우는걸. 잘 먹고 잘 자야 빨리 낫는다. 그런데 형님, 얘 눈 검사를 한번 해보시지요. 자라는 아이니까 데퉁맞기도 하겠지만 아마도 눈에 문제가 있을 수도 있거든요."

고모부가 다정한 말을 남기고 문을 열자 아기 손톱 같은 달 옆에서 밝고 맑은 별 하나가 방안을 가만히 들여다봅니다. 분합문을 소리 없이 꼭 닫고 안채로 가시는 아버지.

"날 저무는 하늘에 별이 삼 형제
반짝반짝 정답게 지내이더니
웬일인지 별 하나 보이지 않고
남은 별이 둘이서 눈물 흘린다." *('형제별' 전문)*

오늘은 시골 할아버지와 할머니가 적적하다고 데리고 계신 언니가 보고 싶습니다.

뒷마당에 약쑥으로 모깃불 놓고 평상에서 할머니와 언니와 부르던 별 노랫소리가 들리는 듯합니다. 별을 볼 수 없는 나는 따라 부르기만 했던 생각이 납니다.

또 눈물이 그렁그렁, 그리워도 눈물이 납니다. 다들 유난히 큰 눈이라고 하지만, 그래도 보이지 않는 별은 상상으로 마음에 묻었습니다. 흐릿하게 보이는 달이지만 마음속에 있는 달은 환하고 별은 꽃별입니다. 환한 달 고운 꽃별들이 마음속에서 가만히 속삭여 줍니다.

'우리도 아프고 슬프면 운단다.'

분홍안경

공기놀이

단기 4290년(서기 1957) 12월 28일 소의국민학교 아침 조회 시간입니다.

교장 선생님이 3학년 7반의 내 이름을 먼저 부르십니다. 높은 조회대에서 교장 선생님께 직접 상장을 받으려니 손이 시리기도 하지만 파르르 떨립니다. 일제고사에서 제일 좋은 성적을 받았다고 운동장을 가득 메운 전교생이 모인 조회 시간에 상을 받았습니다. 그 후 4, 5, 6학년 모두 상장과 선물을 받고 조회대에서 내려왔습니다.

"어, 제 앵경잽이잖아."

"그래서 재가 기집애 목사지."

"어쭈 제법인데."

수군거리며 놀리는 소리를 들으면서도 기뻐하실 아버지 생각에 고개를 바짝 들고 순이네 우리 반 줄로 돌아옵니다. 안경을 썼다고 눈이 넷이라고 목사라고 놀림을 받지만, 그 안경 때문에 공부를 잘할 수 있습니다.

내가 데퉁맞다는 큰엄마는,

"집에서 새는 바가지 밖에서도 샌다. 기집애를 어찌 키워서 저래."

엄마한테까지 퉁박을 줍니다. 눈이 나빠서 그랬을 텐데 그걸 몰랐다고 미안해하시던 아버지, 아버지에게 상장을 보여드리면 환하게 웃으며,

"그래, 잘했구나. 우리 딸!"

부드럽게 머리 쓰다듬어 주실 텐데 아버지가 지금은 어디 계신 줄 모릅니다.

마지막 동장군이 기승을 부리던 꽃샘추위에 새벽달도 얼은 듯 투명한 꼭두새벽입니다. 할아버지가 대를 물려주신 한의원도 가족도 모두 두고 아버지는 침 곽만 챙겨 떠나셨습니다. 멀어지는 아버지의 뒷모습을 놓칠세라 추운 줄도 모르는지, 달처럼 얼었는지 마냥 서 있는 엄마. 몰래 내다보며 들썩이는 내 어깨를 눈시울이 젖은 언니가 조용히 안아줍니다.

환자 진맥 후 아버지도 할아버지처럼 작은 붓글씨 한문으로 처방을 꼼꼼히 기록하셨습니다. 진맥 후 처방에 따라 약 3첩이 필요하면 약포지 석 장, 5첩은 5장을 이어 붙이듯 약 짓는 좌탁 위에 펴 놓습니다.

약포지 귀퉁이를 조금 접은 후 양손에 쥐고 손끝으로 밀어서 접

은 쪽을 겹치면서 접지 않은 모서리 쪽으로 약포지를 나란히 늘어놓으십니다. 그 위에 정해진 양만의 약을 종류대로 놓고 어느 것은 작은 약저울에 재어서 약포지 위에 조심스레 놓습니다.

아버지가 약을 저울에 달 때는 한쪽 접시에 필요한 크기의 저울추를 올려놓고 다른 쪽 접시에 약을 놓고 막대 중간에 달린 작은 술이 귀여운 줄을 들고 수평이 맞으면 약포지에 부으셨습니다. 다양한 여러 종류의 약이 소복하게 놓인 약포지 한 장을 살며시 빼서 대각선 뾰족 끝을 마주 쥐고 두세 번 접어 쌉니다. 약을 가운데로 모으며 두 모서리의 왼쪽과 오른쪽을 접어 뾰족 끝 두 개를 합쳐 쥡니다. 뾰족 끝을 두세 번 접은 후 다시 왼쪽과 오른쪽을 안으로 접으면서 단정하게 여미십니다. 약을 흘리지 않도록 조심스러우면서도 날렵한 손놀림입니다.

손바닥 크기로 된 첩약을 다 싸면 약포지에 붓으로 번호 표시하거나 자상하게 설명해 주십니다. 대부분 생강 세 쪽, 대추 두 개 넣고, 정성이 병 고침의 첫째니 넘기지 말고 정성껏 대리라고 하십니다.

보드라운 암청색 우단 상자인 저울집에는 저울 접시와 저울대, 저울추가 무게와 크기대로 꼭 맞게 나란히 끼어 있습니다. 작고 동그란 꼭지 달린 은색 저울추들은 앙증맞고 예쁩니다.

"아버지 꺼내서 만져 보고 싶어요."

"그러렴. 잃어버리지 않도록 조심해야 한다."

은색 저울추는 매끄럽고 생각보다 묵직합니다.

한쪽 벽에는 붉은 갈색에 검은 테두리가 우아하고 모서리마다 금색 놋 장식이 있는 한약장이 있습니다. 은은한 광택이 고상하고 바닥부터 거의 천정에 닿도록 크고 위엄이 있습니다. 약장 전면에는 내가 셀 수 없이, 많은 약 서랍이 있습니다. 서랍마다 좌우에 단정하게 두 글자로 쓴 한문이 있는데 약 이름입니다. 간혹 네 글자가 쓰여 있는 서랍은 안쪽에서 칸이 나뉘어 있습니다.

그 서랍의 중앙에는 작고 동그란 노란 놋쇠 고리 손잡이가 달려 있습니다. 아버지가 작은 손잡이를 쥐고 약을 꺼내고 닫을 때마다 작은 소리로 달랑거리다가 다른 약 서랍 열 때쯤이면 멈추었습니다.

경상(經床)보다 몇 배가 큰 약 짓는 좌탁 위에는 푸른색의 수양버들이 늘어진 하얀 외사기 연적과 거북벼루가 점잔빼며 있습니다. 사기 붓 통에는 가는 붓, 중간 붓, 또 큰 붓도 있습니다. 큰 붓은 천정에 나란히 매달아 보관하는 여벌 약재 담긴 누런 봉투에 약 이름 써넣으실 때 필요합니다. 문진은 옥으로 된 긴 것과 '백통'으로 된 평편한 것이 있습니다. 내가 무거운 문진을 만지면 "떨어뜨려 발등 깨질라." 걱정하셨습니다.

엄마는 순천댁과 연순 언니와 열 식구 넘는 식구의 세끼 음식 준비하는 부엌일과 매일 오후에 반찬거리 사러 시장 가는 일로 바쁩니다. 또 빨래하고 청소하느라 쉴 틈이 없습니다. 빨래는 부엌 안에 있는 우물물을 길어서 해야 합니다.

여름에는 시원한 물, 겨울에는 따뜻한 물이 좋아서 은행집 같은 펌프를 못 놓겠다고 하십니다. 여름에는 소쿠리에 수박과 참외를 담아서 우물에 재어두면 아주 시원하고 맛이 있습니다. 가끔은 엄마가 음식 상하지 않게 두레박 줄에 달아서 우물에 두기도 합니다.

음식 할 때 쓰는 물과 먹는 물은 매일 아침 물장수 아저씨가 물지게로 지고 와서 커다란 항아리에 새로 채워줍니다. 엄마는 밥을 수북이 고봉밥으로 아침상을 차려드립니다. 반찬 그릇을 싹쓸이로 비우니 좋다는 연천댁. 늘 고맙고 안쓰럽다는 엄마,

“설거지를 도와주네요. 이래서 물장수 상이라고 하나 봐요.”

“장정이라도 얼마나 힘들겠어. 우리 한 집도 아니고, 꼭두새벽부터 시작했을 텐데…”

저녁에는 연천댁과 다듬이질하기도 하고, 숯을 넣는 조선 다리미나, 숯불에 넣었던 인두로 다리미질하기도 합니다. 필라멘트 끊어져 못 쓰는 알전구 넣고 양말도 꿰매고 어린 동생 젖먹이고 기저귀 갈아주고 씻기고 엄마는 늘 바쁩니다. 나와는 눈길 마주칠 시간도 없습니다.

나는 환자가 없을 때는 아버지의 한약국에 있는 것이 좋습니다.

아버지를 돕는 아저씨를 나는 약아저씨라고 부릅니다.

약아저씨는 약 썰고 말리고 볶기도 하고 술에 담그기도 하며 ‘약연’에 넣어 갈기도 합니다. 약연은 나무배 모양으로 안이 파여 있고 그 안에 약재를 넣습니다. 커다란 주판알처럼 생기고 양쪽에 손잡이가 있는 아주 무거운 ‘연알’을 두 손으로 잡고 굴려서 약을 갑니다. 처음에는 다다닥 갈리는 소리가 재미있습니다. 어려서 팔이 짧은 나도 하고 싶어서 섰다 엎드리다 앉았다 하며 ‘연알’을

굴리다가 금방 포기하고 맙니다.

아저씨가 다 갈아 놓은 걸 펴낼 때는 내가 커다란 나무 수저로 돕기도 합니다.

아저씨가 약방 협도로 감초를 쓸다가 "한번 씹어볼래?" 하며 감초 한쪽을 주십니다.

고모가 주시는 미제 껌보다는 못하지만 씹으면 달착지근하게 맛이 있습니다.

손질하고 정리하는 아저씨 옆에서 잔심부름한다고, 거든다고 하는 것이 귀찮을 법도 한데 아저씨는 나와 놀아 주기도 합니다. 빈랑(병랑)으로 팽이처럼 돌리기 놀이는 재미있습니다. 아저씨는 홍역으로 남매를 잃었다고 했습니다.

치료받던 환자가 다 나아서 고맙다고 '미군 담요'를 두고 가셨습니다. 엄마는 바로 아현시장 염색 집에 가서 붉은 밤색으로 염색해 오셨습니다. 아버지는 그 천으로 내 반코트와 바지를 만들어 주신다고 양복집에 데려가시고 단단히 부탁하십니다.

"너무 크게 말고, 한 2년 입으면 동생 주면 되니까, 잘 맞도록 하시게나."

고르땡이 처음 나와서 귀한 거라고, 누군가 남동생 입히라고 사왔습니다. 그런데 너무 커서 두었던 밤색 고르땡 잠바와 바지를 내 입학식에 입혔던 것이 마음에 걸리셨나 봅니다.

나도 고개 숙인 채 손톱을 아프게 물어뜯었던 생각이 납니다.

"어? 애는? 남자앤데 여자 줄에 있니?"

"아뇨 선생님." 마침 옆에 있던 엄마가 난감한 목소리로 얼른 받습니다. 그리고 나에게 남자 옷을 입힌 자신도 민망스러웠는지 내 상고머리를 얼른 감싸줍니다.

그런데 노랑 분꽃처럼 앳된 선생님이,

"어머나! 이를 어쩌죠, 죄송합니다. 아이가 상고머리라서 착각했습니다."

"아뇨 제가 도리어 부끄럽죠. 하필이면 입학식인데 갑자기 날씨가 매서워져서 새 옷이라고 남동생 옷을 입혔더니…"

엄마는 말끝도 맺지 못합니다. 주위의 애들은 옆의 애들을 쿡쿡 찌르며 손가락질하며 키득거리고, 애들 데려온 엄마들도 큭큭큭거리며 소리 죽여 웃습니다.

사범 고등학교를 갓 졸업한 선생님은 큰 실수 했다고 무안해하시며 엄마께 머리 숙여 사과하시고 허리를 굽혀 내 이름표를 보며 얼굴을 들여다보십니다.

"미안해." 가까이 얼굴 대고 보시는 선생님의 동그란 얼굴 미소가 곱습니다.

입학식 이후로 아버지는 이발소 아저씨에게 늘 똑같은 말로 당부하십니다.

"이제는 상고머리 말고 예쁜 단발로 깎으시게."

동네에 당구장이 처음 생기자 아버지의 그림자였던 나는 당구 응원자이자 '점수 담당'입니다. 스리쿠션도 잘 안다고 아저씨들에게 칭찬도 들었습니다.

당구가 끝나면 중국집에 가서 짜장면을 먹습니다. 섞으면 진흙

색 국수가 되는데 어찌나 맛있는지 아버지가 당구를 하러 가는 날이 언제일지 기다리기 일쑤였습니다.

한 해에 두 번, 봄과 가을에 문에 창호지를 새로 바르는 날과 마루와 문짝에 니스 바르는 날, 또 겨울이 오기 전에 집안을 도배하고 방바닥에 새로 장판을 붙이고 콩댐을 하는 날은 짜장면을 배달해서 집에서 먹는 날입니다.

더 어릴 적에 아버지와 엄마와 내가 함께 공기놀이하던 때가 생각납니다.

"편 먹고 '많은 공기' 해야 하는데 넌 너무 못해서 안 돼."

명순이 언니의 야멸찬 말에 어깨가 축 처져서 들어오는 나를 본 아버지는,

"우리 딸 왜 그래?"

"모두 모여 공기하는데 난 '바보 공기'밖에 못한다고 깍두기도 부쳐 줄 수가 없대요. 명순이가 더 잘한다고 나 대신에 깍두기래요. 명순이 언니가 공기 여왕이구, 또 벽돌 갈아 만든 공기가 커다란 주머니로 한가득 이거든요."

벽돌 공기는 차돌 공기보다도 애들에게 더 인기가 있습니다. 애들이 모여서 편 가를 때 숫자가 안 맞으면 못 하는 아이를 깍두기로 시켜서 함께 놀아 줍니다. 가끔은 공기를 잘하는 언니가 깍두기를 해서 양편에 골고루 점수를 따 주기도 합니다.

"안 되겠네, 공기하는 법을 가르쳐야겠어요."

연순이 언니한테 동생들을 맡기고 엄마 아버지는 만리재 고개,

언덕에 있는 소의 국민학교 운동장에 갔습니다. 나는 한참 걸어야 했는데 엄마는,

"엎드리면 코가 닿을 거리다. 네가 다닐 학교야."

전쟁이 휴전된 지 채 두 해가 안 된 터라 운동장 가에는 부서진 돌들이 많았습니다.

아버지도 일본 치하에서 이 학교에 다니셨다고 했습니다. 그 당시는 '경성 남자공립심상 고등소학교'이었고 붉은 벽돌로 튼튼하게 지어진 학교는 6·25동란 중에도 큰 피해 없이 남아 있었습니다.

아버지 돌은 큰 거, 엄마 돌은 그보다 작은 거, 다섯 개씩 골라왔습니다. 나는 돌 대신에 도토리 비슷한 한약재인 빈랑(병랑) 중에서 크기가 비슷한 거 다섯 개를 골라주시고 엄마 아버지는 댓돌의 안쪽에 문질러서 둥글고 매끈하게 갈았습니다.

오공기놀이는 다섯 개를 흩어놓고 하나를 주워 던져 올린 후 바닥의 공깃돌을 주우면서 동시에 공중에 던졌던 공깃돌을 그 손으로 받는 것입니다. 셋이 교대로 합니다.

공기 다섯 개 중에 건드리지 않고 한 개를 집어 띄우면서 하나씩 집어 네 개 모두 집으면 1단. 다섯 개를 흩은 후 다시 한 개를 건드리지 않게 잘 집어서 그 집은 공기를 공중에 띄운 채 두 개씩 두 번을 집으면 2단. 다른 공기를 건드리거나 못 집거나 받지 못하면 다음 사람이 하게 됩니다.

아버진 3단에서 세 개를 집다가 나머지 한 개를 건드려서 엄마 차례가 되었습니다.

“그럴 때는 한 개를 먼저 집은 후 세 개를 집으면 건드릴 염려 없지요.”

엄마는 3단도 너끈하게 집고 4단에서 공기를 조금 높게 올린 후 싹 쓸어서 유연하게 네 개 모두를 집은 후 꺾기를 합니다. 꺾기는 공기 다섯 개 모두 손등에 올린 후 띄워서 잡아채는 겁니다. 엄마는 그것도 날렵하게 잡은 후 손바닥을 펴서 보여주셨습니다. 공기 알 다섯 개가 모두 손안에 있습니다.

“난 일 년이에요.”

작은 헝겊 주머니에 콩 같은 걸 넣어 만든 오자미 두 개를 양손에 교대로 던지며 받기 놀이를 잘하는 엄마는 공기도 잘하십니다.

네 개를 다 주운 아버지도 꺾기를 하게 되었습니다. 손등에 공기 네 개를 얹었는데 하나가 그만 도르르 굴러떨어지고 말았습니다.

나는 병랑 공기 다섯 개를 바닥에 깔 듯이 던진 후에 하나를 집어 공중으로 던지고 던진 공기를 던진 손으로 받는 동안 다른 손으로 바닥에 있는 공기를 줍는 ‘바보 공기’를 했습니다. 눈도 손도 빨라야 하는데 내가 던져놓고 주우려고 보면 벌써 바닥에 떨어져 버립니다. 공기를 주울 때 자꾸 헛손질하니 아버지가 공기 여기 있는데 어디를 집느냐고 하시지만, 공기가 빨리 잘 보이지 않습니다.

마루에서 공기하다 보니 마루의 니스가 긁혀서 환자들에게 지저분하게 보인다고 새로 칠을 해야 했습니다.

입학식 날에는 길게 접은 하얀 손수건에 노랑 리본과 이름표를 왼쪽 가슴에 달고 엄마 손 잡고 노란색의 깃대를 들고 있는 선생님 앞에 키대로 줄을 섰습니다.

이름표 단 1학년들과 학부모들, 또 따라온 동생들로 운동장은 가득 찼습니다.

효창공원이 학교에서 멀지 않았습니다. 모든 것을 잃은 전쟁 피난민들이 공원 안쪽과 공터에 모여 살아서 아이들이 엄청 많았습니다.

내 이름 석 자만 겨우 그림 그리듯 배우고 학교에 입학한 나는 어색하고 가슴이 두근거립니다. 멀리서 나를 본 명순이가 반갑다고 할아버지 손을 끌며 가까이 왔습니다. 염소수염 할아버지는 두루마기를 입고 모자까지 쓰셨습니다.

"명순이 따듯한 솜저고리 입었구나. 연두색이 예쁘네. 그런데 할아버지 명순이 이름표에 붙은 파란색 깃발로 가시면 거기가 명순이 반이에요. 저쪽에 보이시죠."

얼마 동안은 운동장에서 노래와 율동을 하며 친구들과 선생님을 익혔습니다, 아이들도 학교 오가는 길을 익힌 후에는 어른들이 더 이상 학교에 올 필요가 없습니다. 짝수 홀 수 반으로 같은 교실을 오전반과 오후반이 함께 씁니다.

교실에서 공부 시작한다고 사 주신 빨간 가죽 란도셀 가방이 어찌나 신기하고 예쁘던지요. 위로 들어 올리고 내리는 가방 덮개의 작은 장식을 누르고 맞추어서 가방 덮개를 덮으면 가방이 잠겼습니다. 다시 장식의 가운데를 누르면 가방 덮개를 열 수 있습니다. 나는 신기했고 또 잊을까 봐서 열심히 연습했습니다.

학교에서는 책과 '뿔로 된 공책 받침'과 '뿔 필통'을 주셨습니다. 분홍 필통 뚜껑에 꽃그림이 그려있는데 떨어지면 부서진다고 조심해서 써야 한다고 했습니다.

학교 안에서는 누구든 신을 벗어야 해서, 선생님들은 슬리퍼를 신었습니다.

엄마는 내가 교실에서 신을 덧버선을 만들고 이름을 써서 신주머니에 넣어 주셨습니다. 엄마는 신주머니와 가방에도 이름을 써 주시며 단단히 이르십니다.

"여기 네 이름표를 늘 확인하거라."

아버지는 손칼로 연필 세 자루를 예쁘게 깎아주시고 지우개도 필통에 넣었습니다. 국어 공책은 깍두기 공책. 산수 공책에는 이미 1, 2, 3… 9, 10까지 쓰여 있어서 좋았습니다.

교실에는 긴 책상에 둘씩 각자의 의자가 있습니다. 책상 옆 큰 못에 가방을 걸고 신주머니는 의자에 걸었습니다. 곧 큰 언니가 될 것 같아 가슴이 부풀었지만 이름만 겨우 배운 것이 조금은 걱정스럽습니다.

그런데다가 선생님이 칠판에 쓴 글이 하나도 보이지 않았습니다. 반 아이 중에 키가 커서 뒤쪽에 앉게 된 나는 보이지 않아 쩔쩔맸습니다. 옆 짝이 자기 것을 보고 쓰라고 하는데 그것도 쉽지 않습니다. 귀찮았던지 짝이 선생님께 말했습니다.

"선생님 얘가 하나도 안 보인대요."

"그래, 그러면 앞으로 나오렴. 또 누구 잘 안 보이는 사람은 손 들어 봐요."

쭈뼛거리며 서너 아이가 손을 듭니다.

"부끄러운 거 아니다. 다들 나와서 교탁 양옆으로 앉거라."

교탁까지 가니 칠판에 크게 쓰신 글씨를 볼 수 있었습니다. 책과 공책을 들고 나가 교실 바닥에 앉아서 교단 위에 공책을 두고 칠판 글씨를 따라 썼습니다.

"우리 딸이 책상이 아니라 교단에 공책을 두고 바닥에 앉아서 공부했다니. 그 정도로 안 보이는 줄을 몰랐구나. 어릴 적 갓 태어난 네가 살 가망이 없다고 했지. 아마도 그 일 때문에 네 시력이 약한가 보구나."

"공기를 잘 못 한 것도 눈이 나빠 잘 안 보여서 그랬나 봐요."

내가 아기 때 이야기는 유엔군 고모부가 자세하게 들려주셨습니다.

두 번째 태어난 딸이 겨우 한 달 넘기고 죽자 선산 모퉁이의 언 땅을 파고 아기를 묻어야 했던 아버지. 박살 난 고드름, 얼음 조각이 가슴에 박히듯 시리고 아팠습니다.

그 후 빨치산토벌대로 갔다가 오랜만에 집에 돌아온 아버지는 부엌에서 울고 있는 엄마를 보고 가슴이 덜컥 내려앉았다고 했습니다.

세 번째로 태어난 딸, 아기입니다. 결혼식장에서 신랑이 웃었다고 칠 공주 낳을 거라며 하객들 모두 왁자하게 웃던 소리가 아버지 귓전에 들렸습니다. 어른들 앞에서 묻어두었던 서러움이 북받친 엄마는 행주치마로 얼굴을 가리고 흐느꼈습니다.

"아버님이 포기해야겠다고 하셨어요. 명이 길어 지아비라도 보고 가려나 해서 아버님이 윗목에 밀어놓으셨어요"

한의사인 할아버지가 포기한 어린 생명. 얇은 한약포지로 얼굴을 가려 윗목에 밀어놓았던 아기가 숨을 쉬는지 약포지가 가녀리게 움직이는 것을 아버지가 보았습니다.

"오 아직 숨을 쉬는구나. 너마저 잃을 수는 없어."

아기를 곱게 싸서 안아 들고 친구인 양의사에게 급히 데려갔습니다.

"당장 수혈하면 살릴 수가 있네. 다행히 둘 다 혈액형이 맞는구먼."

즉시 수혈했습니다. 아버지의 피를 받은 아기인 나는 볼이 발그레 혈색이 돌고 생명을 건졌는데 피를 너무 많이 뺐는지 아버지가 위험하게 되었습니다. 대로하신 할아버지는,

"자식은 또 나으면 되지, 애비 잃을 뻔했다."

할아버지가 이번에도 겨우 아버지를 살려내셨습니다.

"아버님께는 제가 자식이듯이 저 어린 생명 또한 제 자식입니다. 죄송합니다. 아버님."

할아버지께는 '애비 잡아먹을 뻔한 년.' 아비에게는 생명을 나눈 귀한 아기인 나를 할아버지는 '넉살 좋은 광해 년.'이라고 부르셨습니다.

나는 그 말이 듣기 싫었습니다. 그런데 유엔군 고모부가 나에게 설명해 주십니다.

"부지런하고 활기에 찬 강화도의 아낙들을 그렇게 부른다는구

나. 광해 년은 강화 년의 사투리인데 생각 깊은 할아버지의 바람인 거야. '넉살 좋은 광해 년'으로 튼튼하게 자라기를 바라는 마음이지. 개똥이라는 이름보다 낫잖아."

내가 쿡쿡 웃었습니다. 옆집 아기가 오래 살라고 개똥이라 부른다는 소릴 들었거든요. 세 번째 딸인 나 다음에 남동생이 태어나자, 내 복으로 남동생을 봤다고 다들 기뻐했습니다.

아버지와 전차 타고 종로 삼가에서 새로 맞춘 분홍색 뿔테 안경은 아주 예쁩니다.

"선생님 아주 환해요. 잘 보여요. 뭐든 다 보여요."

어른들은 놀라는 나를 대견하게 지켜봅니다.

"아주 환해요. 아저씨 얼굴도 똑똑하게 보여요."

나는 하도 이상해서 귀에 걸린 안경을 벗고 주위를 둘러보았습니다.

여전히 흐릿하게 보입니다. 그리고 다시 안경을 조심스레 귀에 걸어서 써 봅니다.

"요술 안경이에요. 정말 신기해요. 모두 다 잘 보여요."

기분 좋게 웃으면서 나를 보는 선생님이

"고개를 갑자기 돌리거나 하면 어지러울 수도 있다."라고 말합니다

"그런데요. 선생님 저 벽이 불룩 튀어나왔나요?"

"오, 네게는 그렇게 보이는구나."

"괜찮을까요?" 아버지는 신기해하는 내가 안쓰럽기도 하고 걱

정스럽기도 합니다.

"고도 근시라서 정확하게 맞는 도수가 없어서 최대한으로 잘 맞춘 겁니다. 익숙해지면 괜찮아질 것에요."

아버지에게 말씀하신 후 나에게,

"계속 어지럽고 벽이 울툭불툭하면 다시 와야 하지만 아마 그럴 일은 없을 거다."

"안경테가 아이용으로는 새로 나온 뿔테라서 예쁘지만 약하다. 조심해야 해. 테가 부러지면 안경알이 빠진다. 안경알은 유리로 만든 거라 넘어져서 안경 유리가 깨지면 눈을 찌를 수도 있어. 그러면 위험해. 시력을 잃을 수도 있으니 아주 조심해야 한단다."

"덧붙여 말씀드리면 눈을 반년마다 검사하면 좋습니다. 아직 어려서 시력 회복이 가능합니다. 점점 회복되면 안경 도수를 낮출 수 있습니다. 또 간유나 소간 같은 것을 규칙적으로 먹이는 것도 눈에 좋습니다."

하얀 가운을 입은 선생님의 말씀이 나에게는 이해되지 않았고 요술 같은 안경이 깨진다는 것이 실감이 나지 않습니다.

전차 타고 집에 오는 내내 밖의 풍경은 새로운 세상입니다. 전봇대의 낙서도, 길가에서 손수레에 놓고 파는 과일 채소도 모두 다 잘 보였습니다. 지나치는 상점 안의 각종 물건도 전부 보였습니다. 전차가 멈추면 한글 간판을 더듬더듬 읽으며 아버지와 하는 국어 공부는 참 재미있습니다. 콧등이 조금 무겁고 갑갑하지만 참을 수 있습니다.

전차에서 사람들이,

"아이고, 제 좀 봐. 저런 작은 애가 메가네 썼네."

분홍 테 안경 쓴 나와 아버지를 신기한 듯 번갈아 봅니다. 그런 소리가 싫지 않고 사람들 표정이 재미있고 자랑스러워 아버지를 보고 생긋 웃었습니다.

"아버지 근데 애들이랑 놀 때는 어떡하죠? 학교에는 애들이 많은데."

"괜찮아 놀아야지. 안경 깨지면 새로 해 줄게. 눈 다치지 않게만 놀면 돼."

그 당시 학생 수가 수천 명이 넘는 학교에서 안경 쓴 아이는 나밖에 없습니다. 마포에는 안경 쓴 사람이 많지 않았습니다.

어른들을 뵐 때마다 절을 해야 하는데, 안경 쓴 채로 어른께 절하는 것은 예의에 어긋나는 것이라고 했습니다. 먼 친척 할아버지 댁에 갔을 때입니다.

"어디 버릇없이 어린 것이 어른 앞에서 메가네(안경을 뜻하는 일본어) 쓰고 절을 하냐. 당장 벗거라."

라며 꾸중하셨습니다.

난감하신 부모님은 서로 눈치를 보셨습니다. 옷자락을 만지작거리며 망설이던 언니가,

"눈이 몹시 나빠서 안경 벗으면 안 보여요."

"저런, 너 지금 어른 말씀하시는데 말대꾸하는 거야? 버릇없기는…"

어른 중 한 분이 쯧쯧 혀를 차며 언니와 나를 못마땅하게 보십니다.

"할아버지, 누나가 메가네 벗고 절하다가 할아버지께 박치기할지도…"

짓궂은 동생이 말하다가 엄마의 눈총에 얼른 손을 입에 가져갑니다.

그 후 몇 달이 지났습니다. 학교에서 무궁화 노래를 부르며 고무줄놀이를 합니다.

"무궁화 무궁화 우리나라 꽃 삼천리강산에 우리나라 꽃 피었네 피었네 우리나라 꽃 삼천리강산에 우리나라 꽃"

내가 고무줄을 발에 걸고 도는데 갑자기 남자아이가 뛰어와서 고무줄을 끊고 도망가려다가 부딪쳤습니다. 안경이 바닥에 떨어지고 넘어졌습니다.

같이 놀던 애들과 주위에 놀던 언니들이 남자아이 뒤를 따라 뛰어가며

"저놈 얼른 잡어"

"잡아서 안경값 물려야 해."

이구동성으로 떠들었습니다.

긴 고무줄을 한 손에 감아쥔 아이는 쏜살같이 달려서 다른 아이들 속으로 섞여버렸습니다. 내가 넘어져 앉은 채 얼른 주어보니 안경 뿔테 한쪽이 깨졌습니다. 다행히 안경알은 무사했습니다.

부딪칠 때 뿔테가 깨지면서 얼굴이 긁혀 피가 나지만 아픈 줄도

몰랐습니다. 아이들이 양호선생님께 데려갔습니다. 걱정스러워 나를 보러 오신 담임선생님 모습이 흐릿합니다. 더듬거리는 나를 양호선생님이 집까지 데려다주셨습니다.

당장 엄마와 같이 가서 안경알에 맞추어서 뿔테를 새로 했습니다.

"선생님 제 눈이 더 나빠졌나요? 안경 쓰기 전보다 더 안 보이는 거 같아요."

"그게 아니고 잘 보이던 것이 습관이 돼서 그전 기억을 잘 못 해서 그렇단다. 오히려 조금 좋아진 것 같은걸."

"안경알을 해마다 바꿔주면 시력이 좋아질 수 있습니다."

"세상에 이렇게 비싸군요."

"그래도 아이 눈을 안 다쳐서 천만다행이지요. 또 알이 안 깨져서 큰돈 안 든 거예요. 이거 모두 수입품이거든요. 얼굴까지 긁혔네, 많이 놀랐지? 놀 때 조심해라. 우리나라도 곧 만들게 될 거야. 운동 못 해도 공부 잘하면 된다."

해가 바뀐 겨울, 막바지 추위 때 아버지에게 아주 억울하고 무서운 일이 있었다고 했습니다. 그건 우리 가족 모두를 힘들고 어려운 길로 가게 만든 시작이었습니다.

파출소에서 경관 아저씨들도 오고 낯모르는 사람들도 여럿이 몰려와서 아버지를 찾아내라 했지만, 아버지 가신 곳을 아무도 몰랐습니다.

엄마는 우리 물건을 언니와 아줌마가 쓰던 부엌방으로 옮겼습니다. 아이들은 아무 말도 못 듣게 하고 아무도 못 만나게 했습니다.

갈 곳 없는 연순이 언니만 남고 연천댁 아줌마와 약아저씨도 떠났습니다. 어른들은 쉬쉬했습니다. 아버지가 재수가 없어서 나쁜 사람들 만나서 억울하게 당한 일이라고 했습니다. 전후 사정을 알게 된 파출소의 높은 아저씨도 잠시 피해 계시라고 했다고 엄마가 말해주었습니다. 공부 열심히 하고 있으면 아버지가 돌아오신다고 했습니다.

침 곽만 들고 어디론가 떠나신 아버지. 가끔 낯선 아저씨들이 찾아와서 아버지 계신 곳을 물었지만 아무도 모르기에 그냥 돌아가곤 했습니다.

나는 학교에서 시험지 받는 대로 아버지 보여드리려고 모아두었습니다. 70점, 80점 90점 점점 내 시험지 점수가 높아졌습니다. 그래도 아버진 오시지 않습니다,

서울시 전체 일제고사에서 100점! 내가 받은 상장에 눈물 한 방울이 똑 떨어졌습니다. 얼른 옷으로 눈물을 닦아서 모으는 상자에 담아 두었습니다.

'안 울게요, 아버지. 내가 울면 엄마가 더 슬퍼하실 테니까요. 아버지도 마음 아프실 테고요. 그렇죠? 아버지.'

아버지 약장과 함께 있던 약 짓던 좌탁의 닭털 방석, 아버지가 늘 앉아계시던 그 방석이 이제 나를 안고 잡니다.

그 닭털 방석은 환자 가족이 아버지께 드린 감사선물입니다. 반년간이나 절름거리며 다리를 못 쓰던 일곱 살 남자아이를 아버지 침술이 고쳤습니다. 그 아이 부모는 아버지가 소문대로 침술의

명의라며 고맙다고 그 방석과 미제 과자 한 보따리, 미제 학용품까지 잔뜩 가져왔습니다.

포근하고 따듯한 아버지만큼 크고 푹신한 방석 베개. 이해할 수 없었던 어른들 세계에서 나에게 남은 소중한 방석 베개, 그것은 아버지의 품속입니다.

한의사 아버지와 할아버지
고무줄놀이

광천 할아버지 댁. 높지 않은 기와지붕 위로 '삼산한의원' 간판과 미닫이 유리문 여덟 짝. 그중 네 짝의 아랫도리 반은 안쪽으로 창호지를 붙였습니다.

뒷마당에는 우물이 있고 광과 닭장과 봄철 개나리부터 맨드라미, 봉숭아, 채송화꽃이 고운 꽃밭이 있습니다.

넓지 않지만 정갈한 뒷마당은 엄마와 큰 활석으로 그림도 그리며 내 이름 쓰기와 1, 2, 3을 배우던 곳입니다. "오른쪽은 밥 먹는 손"을 구호처럼 외워도 고무줄이 있는 맹꽁이 운동화의 오른쪽과 왼쪽이 늘 알쏭달쏭 헷갈렸습니다.

반듯하게 써도 3자는 기러기 날 듯했습니다. 9자는 동그라미를 톱니처럼 힘들게 그린 후 동그라미 끝을 어렵게 붙이고 오른쪽 대신 재빨리 왼쪽에 기둥을 그리고 9자를 썼다고 칭찬을 기다립니다. 기다리던 칭찬 대신 엄마한테 꿀밤 맞으며 늘 듣던 소리.

"네 언니는 한글은 물론 천자문 읽기 쓰기를 다 떼고도 일곱 살에 학교 들어갔는데 넌 어째서 아직 9자도 제대로 못쓰니? 그래서 어떻게 학교에 가서 공부하겠어 으이~!"

이번에는 아픈 꿀밤 한 대 더 먹습니다.

똑똑하고 암팡지다는 언니. 아주 어릴 때 손가락에 침을 발라 창호지 문구멍을 뚫어 놓자 작은고모가 그 구멍으로 들여다보며,

"어느 년인가 했더니 숙이년이구나 했대요."

이번에는 언니가 문구멍에 눈을 대고,

"어느 년인가 했더니 고모 년이구나."

해서 어른들이 기가 막혔다고 말씀하신 할머니, 언니가 할머니와 할아버지 사랑을 독차지하지만, 내 응원도 잘해주시는 할머니입니다.

"올해는 생일이 늦어 어차피 학교에 못 갔으니 천천히 하거라. 에미야 너무 지청구 주면 주눅 들어 더 못한다. '늦되는 아이가 잘 되더라'는 말도 있잖든."

할머니 말씀에 엄마 꿀밤에서 벗어납니다. 쇠 절구에 볶은 깨를 빻고 난 할머니는,

"에미야 밥 한 주걱 가져오너라."

입에 군침이 가득 돕니다. 할머니가 쇠 절구에 남긴 깨소금에 소금 간 해서 굴려 만든 주먹밥. 쌀이 섞인 포리한 햇보리에 노란 깨소금 밥은 엄마한테 맞은 꿀밤 치료제입니다.

할머니가 닭장 문을 열고 마당에 배춧잎 썬 것을 뿌려주자 엄마 닭이 먼저 나오고 병아리들 다섯 마리가 오종종 엄마 따라옵

니다. 새끼오리 세 마리도 질세라 뒤뚱뒤뚱 나옵니다. 병아리들은 배춧잎 물고 도망가고 쫓다가 우물가 자갈 틈에 고인 물을 먹기도 하고 그 작은 발로 엄마 따라 흙을 헤집기도 하고 담장 밑 풀도 쪼아 봅니다.

"할머니 저기 조금 다른 병아리인가 봐요."

가까이 가서 보려고 하자 작은 날개를 파닥이며 쪼르르 도망갑니다.

"그건 오리 새끼란다. 오리 어미가 알을 처음 품어서 그런지, 이런 일은 첨이네."

"품고 있던 동안에도 알 몇 개를 자꾸 밀어내더니 겨우 세 마리네요. 할머니. 새끼오리 나오자마자 오리장으로 가더니 다른 오리들 따라서 헤엄치러 강으로 가버렸어요."

"그러게 말이다. 철이 덜 들어 그랬는지 원. 새끼 오리가 엄마 품이 그리운지 병아리 따라가더라고. 암탉이 착해서 그대로 품어주고 그 품에서 같이 자니 고맙지!"

"병아리는 엄마 따라 하늘 보고 물 먹는데 새끼오리는 그냥 물을 먹다가 자배기 물로 첨벙 들어가서 목욕하는 것 좀 보셔요."

내가 손뼉 치며 웃자 언니도 웃으며

"병아리 따라 하지 않는 새끼오리는 똑똑하고 엄마 닭은 착해요. 그쵸? 할머니.

할아버지는 일제강점기에 부친의 가업을 이어서 광천에서 한의원을 하셨습니다. 증조부와 조부의 의술과 후덕한 인품이 자녀들을 지키게 될 줄은 몰랐습니다.

둘째 아들인 아버지가 일제 말기에 일본 서적회사 다니다가 독립자금 모금 끄나풀로 연루되어 일본 형사에게 쫓기게 되었습니다. 시 변두리 가난한 농가에 숨어들었는데 어찌 알았는지 의원님이 자기 어머니를 살렸다며 기꺼이 숨겨주었습니다. 마침 새끼 낳은 돼지우리 간의 북데기와 오물과 짚이 뒤섞여 냄새가 지독한 바닥에 납작 엎드려 잡히지 않았다고 했습니다.

해방 후, 미군정 아래서 좌익과 우익, 그리고 일제의 앞잡이였던 관리들이 일하다 보니 암살자들이 활동하던 혼동의 시기였습니다. 그 속에서 할아버지는 자식들의 소식을 알기가 쉽지 않았습니다. 나날을 걱정으로 보내면서도 멀리서 오는 환자에게 침을 놓고 약을 달여 먹이며 어느 정도 회복할 때까지 머물게 하셨습니다. 큰 헛기침으로 속마음을 감추며 세상 소식에 눈과 귀를 열어놓으셨습니다.

철도 경찰이 된 아버지가 안동으로 발령받아 가족을 데리고 떠난 달포 후 육이오 전쟁이 터졌습니다. 할아버지도 선산이 있고 고향인 광천으로 피난했습니다.

공산당의 나쁜 선전은 작은 읍인 광천에서도 머슴과 소작인들을 부추겼습니다.

“김 의원 선생 집 아들이 일본에서 공부한 친일파요.”

“동무! 입조심 해! 부르주아에게 선생이라니. 가당치노 않시. 딸이 간호장교 됐다던데.”

“그 딸이 유엔군이래. 지프가 먹을 것 주고 가는 거 누가 봤대.”

"동무들! 이자는 인민의 원수인 미국의 앞잡이 딸을 둔 애비, 또 친일파 부르주아의 애비입니다. 악덕 지주를 처단합시다!"

졸지에 악덕 지주로 낙인찍혀 인민재판에 맨발로 끌려온 할아버지는 동네 사람을 모아놓은 앞에서 무릎을 꿇게 되었습니다. 헌 가마니에 덮인 채 이미 처형된 삐쭉 나온 피투성이 발을 본 할아버지는 두 눈을 감았습니다. 그때 누군가가 조심스럽게,

"사실 저 김 의원님 동무는 악덕 지주 짓은 안 했어."

그러자 또 뒤쪽에서 "그 아버지 의원 때부터 부자가 너그럽고 의술도 좋았어."

"그렇지만 우리 아기 아파서 갔더니 나더러 미련하다고 호령했는걸! 주책없이 젖만 먹여 어린 걸 꽉 체하게 했다고 침도 안 주고 대충 주물러줬어. 가서 물만 먹이라고 했는데 그것도 의원이야! 약도 안 지어주고 날 무시했다고!"

눈을 감고 반듯하게 무릎 꿇고 앉은 할아버지는 두 손을 꽉 쥐었습니다.

"그건 아기라서 그러셨을 거여. 얼마 전에는 약재가 매우 부족하지만 있는 거로라도 치료해 보자고 했대. 그리고 같은 상에서 죽도 함께 나눠 먹여 보냈다고 하더구먼."

"멀리서 왔다고 하면 밤에 돌아갈 수 없으니 재워주고 약을 달여 먹였데."

"당장 돈 없어도 치료 먼저 해준다는 소문은 진즉에 멀리 까지 났지."

여기저기서 조그맣게 들리던 소리에 이어 그 동네에서도 무료

로 치료받은 여러 사람이 인민재판에서 어렵사리 증언해 겨우 목숨을 구했습니다.

약국과 집, 많지 않은 농토, 모든 것을 뺏겼지만 먼 친척 동생뻘인 산지기 집에서 몸을 추스르는 동안 인천상륙작전 성공 소식을 들었습니다. 또 서울 탈환 소식이 전해졌습니다. 할아버지는 한강다리 끊어진 서울로 아주 힘들게 돌아왔다고 했습니다.

그러나 중공군 때문에 다시 밀리게 된 전쟁은 추운 겨울에 1·4 후퇴를 해야 했습니다. 더 이상 피할 곳이 없다고 생각한 할아버지는 마포구 공덕동 70번지 삼산한의원의 적산가옥 지붕 밑 방, 마른 쑥과 한약재를 넣는 창고 안쪽 깊숙이에 아들들을 숨겼습니다.

같은 민족끼리의 6·25전쟁 3년은 지옥이었습니다. 북한군은 물론 소련과 중국, 미국을 포함 유엔군의 꽃 같은 젊은이들과 죄 없는 사람들의 피가 강산을 적셨습니다.

휴전된 후에는 미처 북으로 못 간 채 남아 있던 인민군들이 산으로 숨어들어 빨치산과 합류하게 되었고 좌, 우익이 충돌하는 혼란기였습니다.

빨치산과의 전투에서 심하게 다리를 다친 후 겨우 살아난 아버지는 숨고 숨으며 상거지가 되어 집으로 돌아왔습니다. 나라가 분단되고 서로를 못 믿던 시절이었기 때문입니다. 아들을 못 알아본 할머니는 죽어가는 거지가 집 앞에 있었다고 했습니다. 그런 몸으로라도 집으로 온 것이 기적이라고 했습니다. 할아버지의 단호한 결정으로 썩고 문드러진 부분의 살을 도려내고 지극 정성으로 치료했습니다.

"썩어가던 것이 이제 잡히나 보다. 새살이 돋는구나. 이제 살았다!"

그러고도 몇 개월, 뒷마당 변소 출입도 못 하는 아버지를 할아버지는 설득하셨습니다.

"나라가 혼란하다. 이럴 때는 의술이 제일이다. 의술을 배우거라. 의술은 인술이다."

다리 절단을 겨우 면하자 할아버지의 뜻을 받아 한의학을 공부해서 한의사가 된 아버지.

공덕동의 삼산한의원을 아버지에게 물려주신 할아버지는 선산이 있고 서해 바닷물이 구부러져 들어와 해산물이 풍부하고 젓갈이 맛있는 광천으로 이주하셨습니다. 할아버지의 선친이 한의원을 하시던 곳이고 할아버지도 잠시 계셨던 곳이라 전혀 낯설지 않았습니다.

할아버지 한약국 옆으로 대장간이 있고 그 옆으로는 오일장이 서는 장터입니다.

장날이면 극장에서는 "나에게 100만 원이 생긴다며는…, 돈 없으면 집에 가서 빈대떡이나 부쳐 먹지…" 등의 노랫소리에 맞추듯, 어미 소 따라 송아지가 갑니다. 닭을 망태기에 담아가고, 짚으로 만든 달걀 집 몇 개를 가슴에 조심스레 안고 가는 아이가 약국 유리창으로 보입니다.

시장에서는 고무신을 때워주고 양재기나 냄비도 때워주고 강냉이도 튀겨줍니다.

가위를 철컥거리지만, 아직 애티 나는 엿장수. 포목 집, 옷집도 있지만, 할머니는 미제연필 사러 가십니다. 가마니 깔고 흩어놓고 파는, 쓰던 구호품 연필. 그중 긴 것으로 고르십니다. 언니는 찹쌀 지우개를 찾느라 연필을 헤집다가,

"연필 곪는다. 그만해라."

연필 파는 할아버지께 혼이 나지만 이내

"누런 종이 공책이 찢어지지 않고 아주 잘 지워지거든요. 쪼가리라도 찾으려고 그래요. 우리 할머니가 돈 드리잖아요."

대나무로 만든 연필깍지 두세 개씩을 이어서 끼워 한마디 남도록 쓰는 언니한테는 제일 좋은 날입니다. 가끔 나오지만 아주 비싸다고 할머닌 다섯 자루만 사십니다.

할아버지 댁에서 학교 다니던 언니가 2학기 때 서울로 전학 왔습니다. 시험을 쳐서 좋은 중학교에 가야 할 텐데 시골에서는 일등만 했어도 서울학교는 다르니 공부를 따라잡아야 한다고 하십니다.

명절 때와 방학 때만 함께 놀던 언니가 함께 살게 되어 얼마나 좋은지요. 언니는 공기도, 고무줄도, 특히 새끼줄넘기, 돌 차기, 땅따먹기와 사방치기 놀이는 명순이 언니인 명자보다도 더 잘해서 신이 났습니다.

이제 안경 쓰고 모든 게 잘 보이는 나는 공기도 잘하고 고무줄 놀이도 잘합니다.

고무줄놀이는 진 편의 아이 둘이 고무줄을 잡고 발목부터 시작

합니다. 무릎, 허리, 점점 높아져서 가슴, 귀, 머리. 머리에서 한 뼘 높게 그것도 해내면 만세 높이까지 합니다. 가슴 높이부터는 바닥에 두 손 짚고 사까닥질로 고무줄을 발에 걸어 내려서 하는 것을 합니다. 나와 언니는 사까닥질도 잘했습니다.

아이들 모두 함께 목청껏 노래를 부릅니다.

"무찌르자 오랑캐 몇백만이냐 대한 남아 가는데 초개로구나 나아가자 나아가 승리의 길로 나아가자 나아가 승리의 길로……."

"전우의 시체를 넘고 넘어 앞으로 앞으로 낙동강아 잘 있거라 우리는 전진한다. 원한이야 피에 맺힌 적군을 무찌르고서 꽃잎처럼 떨어져 간 전우야 잘 자라"

고무줄을 편 먹고 할 때는 둥그렇게 서 있는 아이들 사이로 이긴 편 아이들 모두 함께 고무줄을 발에 걸었다 빼며 다음 아이한테로 가서 다시 고무줄을 걸었다 빼야 합니다.

걸리면 차례를 바꾸고 노래는 빨리 점점 더 빨리하면서 걸리기 쉽게 합니다.

"가랑잎 데굴데굴 어디로 굴러가오. 발가벗은 이 몸이 춥고 추워서 따뜻한 부엌 속을 찾아갑니다."

"원숭이 똥구멍은 빨개 빨가면 사과 사과는 맛있어

맛있으면 바나나 바나나는 길어
길으면 기차 기차는 빨라 빠르면 비행기
비행기는 높아 높으면 백두산 백두산
뻗어내려 반도 삼천리 무궁화 이 강산에 역사 반만년
대대로 이어 사는 우리 삼천만 복되도다 그 이름 대한이로세"

나는 고무줄 노래는 무어든 큰 소리로 빠르게 잘 불러서 인기가 좋았습니다. 또 고무줄을 건드리지 않고 뛰어넘어서 더 높이 가는 편이 이기는 놀이를 하기도 합니다. 특히 언니와 한 편으로 노는 것이 참 좋습니다. 공기놀이를 잘하는 동생 민수가 공깃돌을 따다 주기도 했습니다. 나와 언니도 명순 언니처럼 공기주머니가 불룩해졌습니다. 그런데 아버지는 언니가 열심히 공부해서 좋은 중학교 가야 한다고 많이 놀지 못하게 했습니다. 놀이에 빠져서 연순 언니가 부르러 올 때까지 놀다가 혼이 나기도 했습니다.

명순이 엄마 솜틀 기계 있는 쪽 길가에 면한 방은 염소수염이 있는 명순이 할아버지 방입니다. 방 윗목에는 녹녹하게 적당히 마른 뽀얀 오싱어가 축으로 쌓여 있고 할아버지는 오징어를 헝겊 끈으로 묶어 양어깨에 짊어지고 장사를 다니십니다.

할아버지가 파는 마른오징어에는 의당 있어야 할 오징어 입이 없습니다. 명순이가 오징어 발에서 떼어낸 오징어 입을 한 주먹씩 가지고 다니며 애들에게 하나씩 인심을 씁니다. 가끔은 질깃한 오징어 발 몇 개씩을 자랑하기도 합니다. 오징어 한 축이 열두 마리고 긴 발이 두 개, 짧은 발이 여덟 개라서 여기저기서 하나씩 떼어내도 표가 안 난다고 했습니다.

어른 엄지손가락만 한 오징어 입은 검고 뾰족한 이빨을 빼내고 먹으면 쫄깃하고 오도독하고 짭조름한 것이 아주 맛있습니다. 누런 코를 훌쩍 들이마시면서 잇새에 노란 때가 낀 명순이가 애들한테 인기 있는 날이기도 합니다.

솜틀집 앞은 오징어 할아버지가 매일 쓸어서 검은 흙이 반질반질합니다. 작은 아이들은 거기서 공기도 하고 딱지 먹기도 합니다. 그림 딱지를 벽에서 떨어뜨려서 붙여서 먹거나 손가락에 침 묻혀 뒤집어서 따먹는 놀이입니다. 그 방에는 늘 쉰 듯, 비린 듯한 냄새가 나지만 할아버지가 멀리 장사 가신 날은 길가에 면해있는 문간방이라서 애들 놀이방이 되곤 했습니다.

아버지가 떠나자 한의원 자리는 양의원으로 바뀌었고 안채로 쓰던 길가 벽을 헐고 엄마가 미장원으로 세를 놓았습니다.

그 미장원의 언니들이 내 머리에 연습한다고 불파마를 했습니다. 집게의 한쪽에 가는 손가락 같은 숯을 구공탄에 달구어 두 개씩 양쪽에 넣는 것을 온 머리에 합니다. 무겁고 뜨겁습니다. 언니는 융을 대주고 숯을 넣던 언니는 부채질하다가 얼마 후 숯이 든 집게를 빼 주었습니다.

'꼬불머리'가 된 나의 긴 머리를 본 엄마가 애 머리를 전부 망쳐놨다고 화를 냈습니다. 언니들이 불에 달군 고데기로 펴 주고 도넛 머리도 해 주곤 해서 나는 자랑스러워서 좋았는데 엄마는 머릿결도 나빠지고 갈색 노랑머리가 됐다고 상고머리로 잘라서 다시 길러야 했습니다.

외할머니와 엄마가 며칠을 만드신 언니와 나의 추석빔. 만리재 중턱에 새로 생긴 '한복점'에 가서 유행하던 금박도안을 찍어 오셨습니다. 노란 숙고사 저고리 앞섶과 끝동, 붉은 갑사 치맛단을 따라 찍은 샛노란 금박 찍힌 한복을 입은 우리를 보시며,

"예쁘구나."

하시던 큰 엄마의 칭찬 한마디가 얼마나 기쁘던지요. 추석 다음 날 고종사촌 언니와 할머니 댁에 자랑스럽게 가는 길입니다. 할머니께 드릴 보퉁이를 들고 가는 데 동네 남자아이들이 팔을 벌리고 골목길을 가로막습니다. 비키라고 언니가 큰 소리로 말해도 꿈쩍도 하지 않습니다.

오른쪽 끝에 지나갈 틈이 보여 언니가 가려 하자 막아섭니다. 자기들 팔 밑으로 숙이고 지나가라고 합니다. 실랑이 끝에 댕기 맨 언니는 예쁘다고 팔을 열어서 보내주자 얼른 내 손을 잡고 빨리 지나가려 했지만, 애들이 팔을 꽉 잡자 아파서 손을 놓았습니다.

"예쁜 옷만 입으면 다냐. 넌 안경잽이 네 눈, 짧은 노랑머리라 밉게 생겼으니 못 가."

언니는 내 동생 보내라고 발을 구르며 소리 지르다가 그냥 먼저 가버립니다. 그냥 간 언니도 밉고, 입만 다부지게 다물고 노려보았습니다. 자기들 팔 밑으로 숙이고 지나가면 보내준다고 합니다. 한참 망설이다가 치마를 거둬 들고 할 수 없이 허리와 목을 숙였습니다. 그랬더니 팔을 점점 낮추며 막습니다. 이제 더 이상 낮출

수가 없습니다.

"기어라. 아니면 울어라. 울면 보내줄게. 얼라리 꼴라리. 목사가 울어라."

너무 분하고 약이 오르니, 입이 딱 들러붙어 말이 나오지 않습니다. 아무 말도 못 하자 애들은 손뼉을 치며 합창합니다.

"벙어리 말해봐 보내줄게. 벙얼아 벙얼아 뭐하니. 밥 먹는다. 무슨 반찬. 개구리 반찬."

놀리기에 한참인데 애들 뒤통수 셋을 함께 몰아 쥔 아저씨는,

"이런 못된 놈들."

서로 박치기시킵니다. 도망치는 애들에게,

"메롱! 쌤통이다."

하고 웃고 있는 언니, 혼자서 먼저 가버렸다고 섭섭하고 약속했는데 미안했습니다.

골목 끝 사거리 큰 가게, 열 개 숫자가 배꼽처럼 붙은 빨간 공중전화기 집 아저씨를 데려온 겁니다.

아버지 떠나시고 육 남매 모두 한방에 자니 자식들의 숨소리를 다 들을 수 있어서 든든하다는 엄마. 늘 흥얼거리던 보리수, 곱게 부르던 동심초는 더 이상 들을 수 없습니다. 닭털 베개에 머리를 묻은 나는 '딘 마틴의 서양식 모자'를 삐뚜름하게 쓰고 맘보를 부르며 집으로 들어오시던 아버지 생각이 나서 피식 웃음이 납니다.

유도 유단자에 경찰 출신 아버지. 한의사가 됐어도 젊은 혈기를 어쩔 수 없었나 봅니다. 엄마가 음이 안 맞는다고 음치라고 하셨지만 그래도 야주를 과하게 드시면 항상 부르던 노래가 있습니

다. 어느 날인가 고모부도 함께 부르셨습니다. 두 음치의 합창입니다.

"넓고 넓은 바닷가에 오막살이 집 한 채 / 고기 잡는 아버지와 철모르는 딸 있네 / 나의 사랑 나의 사랑 나의 사랑 클레멘타인 / 늙은 아비 혼자 두고 영영 어딜 갔느냐"

"형님, 이 노래 부를 때는 떠난 아기들이 생각나시지요? 임지를 옮겨 다니다가 출장지에서 얻은 핏덩이 아들 아기를 안고 아버님 앞에 무릎을 꿇으셨다지요."

"애 엄마가 아들이니 잘 키우라고 훌훌 떠났지. 자긴 젊으니까 어디 가도 잘 산다고. 근데 그 애가 그리 빨리 갈 줄이야. 아들 살려보겠다고 온 식구가 애썼네. 특히 애들 엄마가 고생 많았어. 맘이 매우 아팠을 텐데 내색도 못 했지. 그 애 데리고 젖먹이고 약 먹이고, 내 피로 살린 작은애까지 할머니 손에서 암죽을 먹고. 그 전엔 애비 얼굴도 모른 채 간 둘째 딸도 내 손으로 묻었어. 모두에게 못 할 짓을 시켰으니 내 죄가 커요."

"그럼요 우리 형님 많이 잘못하셨죠. 여러 여자 울리셨어요. 어차피 일찍 갈 아이였는데 작은애 젖배를 곯리고 암죽을 먹여야 했다고 늘 미안해하신 형님 제가 잘 알죠."

엄마는 공작실이 처음 나왔을 때 새 실로 언니 떠 주었던 헌 스웨터를 풀었습니다. 불에 얹은 주전자에 뜨거운 김을 쐐서 꼬불

꼬불 파마머리 같던 실을 똑바로 폈습니다. 그 실로 막내 스웨터 뜨는 손을 멈추지 않습니다.

"넌 늘 열심히 공부하니까, 아버지 빨리 오실 거다."

엄마의 말씀에 닭털 베개를 가슴에 깔고 공부하던 나는 전과를 보며 공부하지만, 글씨들이 제멋대로 흩어집니다. 가끔 얕은 한숨 소리만 없으면 엄마가 옆에 있는 줄도 모르게 겨울밤이 깊어 갑니다.